接受美学与中学文学教育

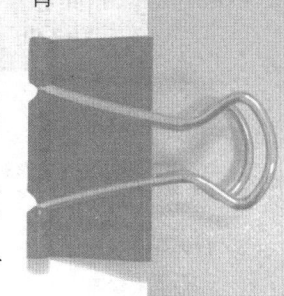

张心科◎著

华东师范大学出版社
·上海·

图书在版编目(CIP)数据

接受美学与中学文学教育/张心科著. —上海：华东师范大学出版社，2018
（接受美学与中小学文学教育）
ISBN 978-7-5675-8354-2

Ⅰ.①接… Ⅱ.①张… Ⅲ.①中学语文课—教学研究 Ⅳ.①G633.302

中国版本图书馆 CIP 数据核字(2018)第 223713 号

接受美学与中小学文学教育

接受美学与中学文学教育

著　　者　张心科
责任编辑　刘　佳
审读编辑　何巧涓
责任校对　赵小双
装帧设计　高　山

出版发行　华东师范大学出版社
社　　址　上海市中山北路 3663 号　邮编 200062
网　　址　www.ecnupress.com.cn
电　　话　021-60821666　行政传真 021-62572105
客服电话　021-62865537　门市(邮购)电话 021-62869887
地　　址　上海市中山北路 3663 号华东师范大学校内先锋路口
网　　店　http://hdsdcbs.tmall.com

印 刷 者　浙江临安曙光印务有限公司
开　　本　787 毫米×1092 毫米　1/16
印　　张　11.5
字　　数　199 千字
版　　次　2019 年 1 月第 1 版
印　　次　2022 年 11 月第 2 次
书　　号　ISBN 978-7-5675-8354-2/G·11514
定　　价　38.00 元

出版人　王　焰

(如发现本版图书有印订质量问题，请寄回本社客服中心调换或电话 021-62865537 联系)

丛书总序

2007年，心科来到北京师范大学攻读博士学位。其实，早在2005年，他就已经出版学术专著《接受美学与中学文学教育》，其中的很多篇章在那以前就以单篇论文的形式面世，受到了一些学者和一线教师的重视。到北师大后，心科一头扎进了师大图书馆的书库，因为这里有全国首屈一指的历代教科书馆藏，清末民国的部分尤其蔚为大观。如今回想起来，心科在读博的这些年里，和这些教科书打交道的时间恐怕要远多于和我这个导师打交道的时间。

心科的勤奋很快得到了回报。2011年，心科的博士论文经过打磨后以《清末民国儿童文学教育发展史论》为名在北京师范大学出版社出版。甫一出版，便得到诸多儿童文学和教育学专家的好评。更多的读者知道心科，多半也有赖于这本书。事实上，当初在审定他的博士论文原稿时，很多专家都已经预见到了，这份博士论文材料翔实、考辨精审、视野开阔，出版之后势必成为后来人绕不开的一部作品。如果读者朋友尚未读到心科的那本书，我倒是很建议您找来翻一翻，看看一篇优秀的博士论文能将史料挖掘到何种程度。

不过，勤奋是学者的本分，但一个好的学者从来不能够只骄傲于自己的勤奋。史料好比砖块，即便贪婪地占有了满地的砖，但如果不经过独具匠心的层层拼搭，依然造就不出宏伟的建筑。博士论文完成之后，心科最迫切的问题，就是要从他极为熟稔的大量史料之中，抽绎出一些更具学术旨趣的线索，进行一些更有学术深度的反思。

毕业之后，心科来到华东师范大学任教。相隔京沪两地之后，除了一些学术会议的机缘之外，我和心科见面的次数并不算多。但是，心科写成的论文越来越多地出现在各类颇具影响力的学术刊物上。我基本上都会在第一时间读完心科的论文，关注他在更多领域进行的各类研究。我明显感觉到，心科在深入爬梳史料的同时，还在进行一些更艰难的探索性学术工作。

今天,他将自己这些年来的部分成果汇为这套五卷本的"接受美学与中小学文学教育"丛书,使更多的读者可以借此综览他这些年来在这一领域付出的努力和结出的果实。对此,我感到由衷的高兴。

首先值得一提的是这本再版的《接受美学与中学文学教育》。如前所述,这本书初版于十多年前,但今天读来并无陈旧的感觉。在某种程度上,这本书也是这套丛书的灵魂所在。接受美学是德国人开创出来的文学理论流派,如同心科在书里所言,这套理论极大地扭转了我们关注的重心。过去是"知人论世",想要把握作家在创作时的"原意";后来变为了"以意逆志",要从文本细读中挖掘出深刻的意味;而到了接受美学这里,关注的目光投向了"读者"。确实如德国学者所注意到的那样,任何一部作品,倘若不经过读者的阅读,就无异于沉默在纸张上的油墨符号。不过,不同的读者是带着不同的审美眼光和阅读期待在阅读一部作品的,这就给文学作品的阐释留出了巨大的空间和难以准确估量的多样性。在某种意义上,可以说,我们过去的阅读教学,很像是"作家论"和"文本论"强扭在一起的结合,而要让"接受美学"顺利地被语文教学界"接受",似乎还有很长的路要走。正如心科当时就认识到的那样,接受美学的背后,要牵动教学目标的设定、教材的编写、教学过程模式的调整以及考评方式的变化,可谓错综复杂。近些年来的语文课程改革实践在一定程度上和心科当初的设想是一致的,读者朋友如果仔细读读心科这本书,会对这些年的语文课程改革工作背后的学术理念有更多的理解。

《经典课文多重阐释》则是一部典型的、贯彻了"史论结合"这一原则的著作。以接受美学为理论基础,心科用丰富的教科书史料呈现了一些经典课文在不同时代教材编选者眼中呈现出的不同面貌。一个很简单但又常常被人们所忽视的道理是,即便是同一篇作品,也会因为时代的流转变迁而在读者那里呈现出不同的面貌,甚至对它的褒贬都可能会发生剧烈的变化。譬如,这本书里谈及白居易《卖炭翁》的一章就颇给人以启发。在今天,《卖炭翁》固然被视作白居易"新乐府"中的名篇,但在晚清民初,这首诗却一直未能被选入教材。晚清颁定的《奏定学堂章程》偏重"经"和"文","诗"的部分明显不受重视。及至民国初年,"诗"在教材中的比重稍有抬头,但白居易却是以"嘲风月,弄花草"的《画竹歌》等诗作入选。心科敏锐地发现,这背后有一个俗雅的转换问题。在当时人看来,教材诗文的选择务求"清真雅正",这四个字的背后其实还是所谓文言与白话、雅与俗的理念对峙。白居易是大诗人,教材里不选说不过去,那么对当时人而言,要选也应当选择其文辞雅驯之作。在心科看来,要到1917年,胡适的《文学改良刍议》和陈独秀的《文学革命论》分别发表后,教材编选的标准才发生了根本性的变化:俗文学,又或者说,白话文学,开始登上了大雅之堂。尤其在推翻文言文的绝对正统地位之后,为了创造新文学,胡适等人创造性地利用传统资源,将《新乐府》理解作"很好的短篇小说"搬了出来。1919年,戴季陶将白居易的文学评价为"平民的、写实的、现代的",这几乎就像是在说,《卖炭翁》是唐人白居易比照着近人胡适《文学改良刍议》的标准写出来的。随着这种雅俗认识的变化,1920年,《卖炭翁》的篇名才开始出现在了教科书中,并且逐渐和我们今天对白居易的普遍认知靠拢了。对《卖炭翁》命运的这一认识,是不可能完全从陈旧的教科书里窥得的,心科还需要对当时整体社会氛围和学术思潮的变迁有敏锐的洞察才能够捕捉到。我认为,这些地方就是心科的创见所在。

任何一个读者在阅读《经典课文多重阐释》一书时都会感觉到,为了阐明教材编写者在选编《卖炭翁》等知名选文时的考量,心科需要综合考察整套教材的"序言"、"编辑大意"、选文所在单元的结构安排、课后的"指点、发问"等,并且时时和课堂外的社会氛围、历史发展进程、学术史上的一些公案进行对话。我几乎可以想象,心科一定是一边在图书馆里反复琢磨着整套教材,玩味其中旨趣,一边写下这些论文的。扎实的史料功夫和敏锐的思考合于一处,才能推动心科的研究。

《近代文学与语文教育互动》与前一本书当属姊妹篇,但似乎又要更精巧一些。心科在这本书里只选取了九篇(部)大家耳熟能详的作品,考察它们在清末民国教科书中的呈现,但是每篇(部)其实都指向了某一类特定的文体、语体、题材抑或主题,讨论一个甚至两三个语文教育的重大问题,乃是一种以小窥大、见微知著的写法。心科自己最看重这一本。

其实我更希望读者朋友们关注的,是心科为这本书所写的前言。这篇前言比心科别处的文字都多了一些"夫子自道"的意味。心科想要追求的不是一些故弄玄虚的"上位",而是一种更扎实,但同时又更精巧的"方法":"绣女绣了一幅织锦,木匠造了一个小亭,除了要绣得美、造得巧可供人观赏、歇息外,如果再告诉别人这么做的目的,并示人以自己所用的'金针'和'规矩',也许更有价值。"这种宗旨其实贯穿在《近代文学与教育互动》的整个写作过程之中,盼望读者朋友能够仔细体察。

在这方面,我倒是很愿意提及一本对我们语文教育圈子刺激不小的日本学者的著述,那就是东京大学藤井省三教授的《鲁迅〈故乡〉阅读史》。这本书的日文版是1997年出版的,2002年就译为了中文出版,2013年又再版了,可见来自读者的反馈是不错的。藤井省三的书开创了一种研究"范式",用一篇课文,以及围绕在这篇课文周边的讲解、习题、问答等阅读史材料，来窥视"近代中国的文学空间"。应当承认，这一范式是成功的，带动了日后众多的模仿者，也多多少少形成了一种"影响的焦虑"。心科自己也坦承，藤井省三"别开生面的立体视角，扎实的文献功夫，让人顿生敬意"。但心科更坚定地认识到，照搬藤井省三的阅读史研究方法，不可能给研究带来任何真正的突破。因此，虽然心科可以在某些方面搜集到比藤井省三更多的材料，但他并没有简单地在"量"上和藤井省三的研究进行碰撞，而是力图在"质"上有所超越。如果说藤井省三着眼的是"文学空间"，那么心科所着眼的明显是"教育空间"。我现在尚不能决然判断心科的这种尝试是否完全成功，但是他这种研究姿态是我所欣赏的。

《经典翻译文学与中小学语文教育》是这套丛书里读来很有趣的一本。很多我们从小听到大的域外故事，往往因为我们太过熟悉，而不会留意到它们传播到中国来的具体过程。心科以教科书为渠道，将这条原本若隐若现的"文化丝绸之路"展现了出来。我们可以籍借心科的研究增进很多具体的认识。譬如说，教科书编纂者对《皇帝的新衣》的认识就有一个渐进的过程。最早向中国介绍安徒生的孙毓修，就认为这篇童话的主旨乃是"赞新装之奇异"，而且明显是对照着中国传统的《聊斋志异》去理解它的；之后的《新学制国语教授书》则认为这篇童话"旨趣在做国王容易受人蒙蔽，不如做平民的好"，和"五四"之后文化界盛行的反对封建统治、追求平民教育、宣传劳工神圣等思潮形成了有趣的呼应；再往后，叶圣陶通过续写这个故事来"批皇帝之虚荣"；到了1937年的《高小国语读本》，对这个童话的阐释就相对比较完整了，并且突出了赞颂孩子率真的一面。

相较于用本民族母语写成的作品，翻译文学要经由更复杂的甄选、翻译、剪裁、诠释的过程，换言之，教材编选者在其中发挥的直接影响会更为突出，这其实可以给我们的研究工作带来更多的、亟待发掘的亮点。心科写《最后一课》、《项链》等经典篇目在教科书中的呈现，其实是找准了很多近代教育史上的亮点，这就使得整本书变得有趣起来。

《〈红楼梦〉与百年中国语文教育》与前几本书又稍有些不同，不是对几篇不同文本的分述，而是将笔墨集中于一部分量足够的大书，考察其在百年语文教育史中的呈现面貌。我相信，这本书的出版会带动不少同类型研究的相继出现。

众所周知，曹雪芹的《红楼梦》是一部尚在创作过程中就被人们竞相传抄的文学经典。然而，或许出乎很多人意料的是，这么一部妇孺皆知的小说要经历一个非常曲折的过程，一直到1924年才进入中小学教科书之中。这当中涉及到实用文言散文一度的统治地位、白话文的崛起、统一国语的进程等多个方面。即便进入了教科书，不同的时代对《红楼梦》的解读也是有很大差异的。心科将这个过程细致梳理了出来,我认为这加深了我们对文学和语文教育的关系的认识。这就是心科所总结的,"一篇文学文本只是自然文本,一旦进入教科书就变成了教学文本。作为自然文本,可能仅是供获取信息的文本或作文学研究的对象,作为教学文本又因为不同学段的教学目的不同、不同编者对其认识不同,所以编者所呈现出来的解读结果不同;又因为经典文本本身是一个充满着空白点和未定性的空框结构,而文本所承担的教学功能以及编者的知识水平、解读角度的不同,所以解读结果也不同"。

心科这套书是高度成熟的作品,但也绝非十全十美。因为很多章节过去都是以单篇论文的形式出现,诸如介绍《奏定学堂章程》,新文化运动的部分往往需要作为背景资料出现。现如今结集成书,这些部分反复出现的次数较多,整套书读下来会觉得稍欠整饬。我想,心科也一定对此有过顾虑,但全书的体例似乎又决定了倘若不如此处理,很多问题不容易解释清楚,这实属无奈。

不过,从没有哪项研究会是十全十美的。心科还这么年轻,未来还有着更多的可能性。我希望他能沿着自己开辟出来的这条道路,继续走得更远,走得更深。目送着自己的学生在学术道路上不断地往前走,是作为一个老师最幸福的事情。

郑国民
2018.06.01

目 录

绪 论——1

    一、中学文学教育的地位、作用及研究中存在的问题——1

    二、三种阅读中心论影响下的文学教育的不同
       价值取向——6

    三、文学教育与语文训练以及初中与高中文学教育的
       关系——12

    四、中学文学教育的历史回顾——19

理论探索篇——25

  第一章　从接受美学看中学生文学阅读鉴赏能力的培养——27

    一、中学生文学阅读鉴赏能力的构成——27

    二、中学生文学阅读鉴赏能力的培养——30

  第二章　从接受美学看中学文学教学目标的设定——32

    一、中学文学教学目标的分类及存在的问题——33

    二、中学文学教学目标的确定——36

  第三章　从接受美学看中学文学教材的选材编写——39

    一、中学文学教材的选材——39

    二、中学文学教材的编写——41

第四章　从接受美学看中学文学教学过程模式——48
　　一、初级阅读——49
　　二、二级阅读——51
　　三、三级阅读——52

第五章　从接受美学看中学文学教学的读法指导及媒体选用——55
　　一、中学文学教学读法指导——55
　　二、中学文学教学媒体选用——57

第六章　从接受美学看中学文学教学中的师生关系及教学方式——59
　　一、中学文学教学中的师生关系——60
　　二、中学文学教学的教学方式——61

第七章　从接受美学看中学文学类作品的研究性学习——67
　　一、文学作品研究的一般方法——68
　　二、中学文学作品研究性学习——68

第八章　从接受美学看中学文学教育的考评方式——72
　　一、中学文学教育的评估方式——72
　　二、中学文学教育的考查方式——77

实证研究篇——81

第九章　接受美学指导下的中学文学教学设计——83

一、中学文学阅读教学设计应注意的问题—— 83

　　二、中学文学教学四种文体教学设计示例—— 89

第十章　接受美学指导下的中学文学教育实验研究—— 118

　　一、实验目的—— 118

　　二、实验对象—— 118

　　三、实验设计—— 118

　　四、第一阶段实验—— 119

第十一章　接受美学视角下的文学作品研究鉴赏示例—— 123

　　一、卞之琳《断章》主题多义例说—— 123

　　二、咫尺、天涯：顾城的《远和近》赏析—— 125

　　三、悲秋还是赏秋：《故都的秋》主旨再探—— 126

　　四、平淡的绚丽：读茨威格的《世间最美的坟墓》—— 132

　　五、没有娘家的祥林嫂：重读《祝福》—— 134

　　六、被扭曲、被误解的贾雨村—— 136

　　七、贾宝玉的男女平等意识—— 137

　　八、尴尬人逢尴尬事：《牡丹亭·闺塾》中的陈最良—— 139

　　九、试析孔子只责冉有—— 141

第十二章　接受美学视角下的文学教学案例评析—— 144

　　一、从接受美学看"无中生有式的创造性阅读"——兼论阅读教学中学生的主体性—— 144

二、强制教学：现象与本质——韩军《背影》教学评议—— 150

三、从接受美学看阅读教学中"生平""背景"介绍的时机—— 156

四、处理节选课文应顾及全篇、知人论世——从阿三上《我与地坛》说起—— 161

需要进一步探讨的几个问题—— 164

参考文献—— 166

后　记—— 168

再版后记—— 170

绪　论

一、中学文学教育的地位、作用及研究中存在的问题

中学文学教育指在中学语文教育中师生借助文学文本所进行的文学阅读和文学写作教学活动，其目的是培养学生的文学阅读和文学写作能力。广义的文学教育包括文学阅读教学和文学写作教学，狭义的文学教育专指文学阅读教学。本书所论述的是狭义的文学教育，即文学阅读教学。

（一）中学文学教育的地位

2002年4月颁布的《全日制普通高级中学语文教学大纲》（以下简称《高中语文教学大纲》）强调，应使学生"具有初步的文学鉴赏能力"，"培养（学生）高尚的审美情趣和审美能力"[1]。由人民教育出版社编著并于2000年3月开始陆续出版的高中《语文》（试验修订本·必修）的"说明"指出，"全套教科书编排的文学作品，约占课文总数的60%。"[2]在近10年的语文高考题中，文学阅读考查题出现频繁，分值渐增。可见，文学教育在中学语文教育中占有举足轻重的地位。

在我国传统的语文教学中，从孔子的"不学诗，无以言"到清代，虽然其间有封建理学课程内容和科举考试制度的限制，但一直没有完全忽视学"文"。在近现代语文教育中，文学教育虽然经历了大起大落，但一直没有完全停止过探讨。

关于中学文学教育的重要性，除体现在大纲条文规定、教材内容体现和高考考查

---

[1] 中华人民共和国教育部，制订.全日制普通高级中学语文教学大纲[S].北京：人民教育出版社，2002：1—2.
[2] 中学语文室，编著.全日制普通高级中学教科书（试验修订本·必修）语文（第四册）[M].北京：人民教育出版社，2001.

频繁之外,一些教育学家、心理学家也强调,"语文学习涉及语言与文学两方面。在义务教育阶段应侧重语言的工具性,高中应侧重文学。"①日本学者研究认为,青少年儿童阅读的兴趣发展分为六个时期:1.绘画期(4—6岁);2.传说期(6—8岁);3.童话期(8—10岁);4.故事期(10—15岁);5.文学期(15—17岁);6.思想期(17—)②。语文教育家叶圣陶早在1949年草拟的《中学语文科课程标准》中就特意指出,"高中的阅读包括文艺欣赏。"③语文教育家张志公在1985年也提出,应向儿童、少年、青年进行文学教育,要"从初中起增设'文学'课。"④语文教育家朱绍禹从语言教育和文学教育的关系角度进行了分析,他认为,"文学教育之所以未占据应有地位,只缘于担心语言教育被削弱……语文科,从贯彻始终的因素看,无疑是语言学科。但若分别观察中小学的不同学段,那么可以说,小学低年级基本上是文字教育,小学高年级和初中是语言教育,而高中则是文学教育。但同样清楚的事实是,从小学低年级起,就部分地开始了文学教育。"⑤

在国外,"西方自文艺复兴以后,文学教育很受重视。"⑥"各国语文教学的发展历史,清晰地呈现出一条由文学熏陶到语言实际运用的运动轨迹………文学教育、情感熏陶是文艺复兴以后欧洲语文教学的主要目标,并且历时几百年。时至今日,它不仅没有被各国语文界彻底抛弃,而且经过短暂的沉寂后又重新受到了青睐。"⑦"英、美、德、俄等国都十分重视文学教育,在他们的课程标准中对实施文学教育有非常具体的规定。"⑧"法、日等国虽然不单列文学教育的课程和内容,但是也重视培养学生对文学作品的鉴赏能力和审美情感。"⑨俄罗斯从小学一年级就开始进行文学教育,和其他国家相比,"中学文学教育最值得称道的是俄罗斯。自19世纪中叶,俄国完善了文学教育体系,有专门的课程与教材,系统学习本民族优秀作家的作品,而且让学生大量阅读。此后的苏联和现在的俄罗斯都保持了这一传统。"⑩从柳士镇、洪宗礼主编的《中外母语课程标准译编》(江苏教育出版社2000年版)中可以了解到,英国、美国、加拿大、澳大利亚、俄罗斯、德国、法国、韩国等国的语文课程标准都不同程度地涉及文学教育

---

① 姚夏倩,皮连生.语文学习结果的分类及其教学含义[J].教育研究,2000(4):46.
② 高玉祥,编.个性心理学[M].北京:北京师范大学出版社,1989:90.
③ 叶圣陶.叶圣陶语文教育论集(上)[M].北京:教育科学出版社,1980:200.
④ 张志公.关于改革语文课、语文教材、语文教学的一些初步设想(下,续)[J].课程·教材·教法,1985(5):23.
⑤ 朱绍禹.文学教育值得重视[J].语文学习,1998(10):10.
⑥ 高伟毅.编委会上的新话题[J].中学语文教学,2001(2):11.
⑦ 倪文锦,欧阳汝颖,主编.语文教育展望[M].上海:华东师范大学出版社,2002:15.
⑧ 方智范.对文学教育问题的若干思考[J].课程·教材·教法,2001(8):29.
⑨ 庄文中.论中学语文学科中的文学教育[J].课程·教材·教法,1999(11):22.
⑩ 高伟毅.中学文学教育纵横谈[J].吉安师专学报,1998(3):58.

的相关内容或要求;从他俩主编的《中外母语教材选粹》(江苏教育出版社2000年版)中可以发现,国外语文教材选入了大量的文学作品。

从上可见,西方对文学教育的重视。另外,西方特别强调高中文学教育,如法国中学语文"阅读教材低年级以文学作品为主,同时涉及其他学科的文章,高年级按法国文学史顺序安排文学作品"[1];英国语文教材里,特别是15—18岁学生的课本,不仅有20世纪以前英国优秀作家的作品,还选入了相当数量和质量的现代著名作家作品;日本"文学教育提到日程上来自初中,但也不宜要求过高,应在注意语言基本技能训练的同时,通过学习文学作品,了解性格描写、心理描写,掌握主题,从而培养学生对社会,对人生的关心;真正的文学教育应在高中阶段开始。进入高中,虽然还要抓紧语言技能训练,但比重应越来越轻。文学教育的比重在高中至少应占一半以上。"[2]

(二) 中学文学教育的作用

国内外之所以重视文学教育,是因为其具有如下功能。

1. 思想教育功能

《论语·阳货》载:"子曰:'小子何莫学夫诗?诗可以兴,可以观,可以群,可以怨;迩之事父,远之事君;多识于鸟兽草木之名'"。"兴",朱熹注为"感发志气",即通过个别形象的比喻而领会其中普遍的道理和意义。"观",朱熹注为"考察得失",即考察社会风俗的好坏、政治的盛衰。"群",即使得人与人团结、国与国联合。"怨",即批判不良政治、不良行为。学习《诗经》还可以"事父""事君",还可以"多识于鸟兽草木之名"。曹丕把文学功用提高到经国不朽的高度,他在《典论·论文》中写道:"盖文章,经国之大业,不朽之盛事也。"这里的"文章"主要指诗赋、散文等文学作品。可见,我国古代学习诸家文学经典是为了了解其内容知识,接受思想教育,以求修身、齐家、治国、安邦。

2. 文化传承功能

语文教学大纲和语文课程标准都认为,语文是人类文化的组成部分。鉴于此,课程论专家钟启泉强调"语言就是文化","语文教学的作用就是引导学生欣赏优秀的文化遗产,帮助学生用批判的眼光审视他们所处的世界和文化环境"[3]。而"文学是一种独特的文化现象,它随着整个文化的大循环而运动、发展。各种文化因素的变化,都会反映到文学中来。"[4]文学作品是人类传播文化的一个重要载体,阅读文学作品有利于

---

[1] 倪文锦,欧阳汝颖,主编.语文教育展望[M].上海:华东师范大学出版社,2002:20.
[2] 倪文锦,欧阳汝颖,主编.语文教育展望[M].上海:华东师范大学出版社,2002:274.
[3] 中外母语教材比较课题组,编.外语教材评价[M].南京:江苏教育出版社,2000:3.
[4] 钱中文.文学发展论[M].北京:经济科学出版社,1998:409.

传承古今中外的优秀文化。

3. 审美愉悦功能

"文学是运用语言媒介加以表现的审美意识形态。"①作家以审美的眼光观察自然和社会,按照美的原则来创作作品。读者就可以通过阅读作品,把握其内容所涉及的人、事、物、景、情、志的美和形式所包含的言辞、结构、技艺等方面的美,获得审美愉悦,提高审美能力。

4. 语言习得功能

一些著名的文学家常被誉为"语言大师""语言巨匠",故阅读他们的佳作名篇有利于语言的习得。如张志公说:"语文课要搞语言训练,而文学作品是'语言的艺术',优秀文学作品的语言是丰富的,运用得一般是比较精到的,象曹雪芹的《红楼梦》,象鲁迅的作品,象朱自清、叶圣陶、老舍、曹禺、巴金、赵树理的一些作品,还有许多其他作家的作品,在运用语言方面,都足以作为学习的楷模。"②

5. 思维培育功能

在阅读文学作品时,学生须运用形象思维、逻辑思维等思维形式,又有利于其思维的发展。同时,文学教学还可增强学生的创新意识,培养其创新能力等。张志公说:"文学,无论创作或欣赏,主要是诉之于形象思维的,需要联想力或想象力,需要一种源于生活实际而又超出于生活现实的创造性的思维能力。(事实上,决不是只有文学家才有,才需要这种能力,政治家、科学家、企业家同样有,同样需要,正像文学家也不能不进行逻辑思维一样。)从这个意义上说,文学教育对于儿童和青少年的智力发展所起的作用是十分巨大的。"③

另外,"文学是人学","在所有的艺术门类中,文学仍然是最能表现出人的生活、思想感情和人性的深度与广度的"④,所以又有人提出以"文学立人"的主张。文学教育确实能陶冶学生的高尚情操,发展学生的健康个性,塑造学生的健全人格。

(三) 中学文学教育研究中存在的问题

但是,中学文学教育中存在着不少问题,正如人民教育出版社的周正逵说的,"首先是教学工作缺乏科学的理论指导。由于历史原因,文学教育长期被排除在中学语文教育之外,有关文学教育问题的研究相当薄弱,社会上的认识也比较混乱,像对中学生

---

① 姚文放,主编. 文学概论[M]. 南京:南京大学出版社,2000:53.
② 张定远,编. 中学语文教学论集(上)[M]. 天津:新蕾出版社,1985:263.
③ 张志公. 传统语文教育教材论——暨蒙学书目和书影[M]. 上海:上海教育出版社,1992:162
④ 赵炎秋. 文学形象新论[M]. 长沙:湖南师范大学出版社,2000:138.

要不要加强文学教育,中学文学教育的性质和特点是什么,中学文学教育的目标是什么,中学文学课本应该怎样编写,中学文学课应该怎样进行教学,中学生的文学鉴赏能力应该怎样培养,怎样检测,等等,这一系列重要问题都还没能明确解决和取得共识,都还需要在教学改革实践中继续探索和深入研究。在缺乏科学理论指导的条件下实施文学教育,很难取得良好的效果,反倒会给语文教学带来新的盲目性和随意性,不利于语文教学的深入发展。因此,加强中学文学教育的理论研究是当务之急,也是摆在语文教育工作者面前的一个重要课题。教学理论研究没有新的突破,教材和教学改革也不会有大的改观。其次是教师在文学教学工作方面缺乏必要的经验。同样是由于历史原因。在中学语文教育中长期排除文学教育的内容,广大教师对中学文学教育感到比较陌生。即便是从教几十年的老教师,在实用文教学方面积累了比较丰富的经验,但要跳出实用文教学的老圈子,体现中学文学教学的特点,普遍感到力不从心。"①而对国外的理论与做法的引介,"一是具体引入不够","二是讨论吸收不够。"②

最近出版的《语文教育展望》一书指出,"西方的文学理论、文学批评理论是与文学教学紧密地联系在一起的,甚至可以这么说,从俄国形式主义以来的西方文论,本身就是文学鉴赏教学论,它们产生于课堂教学,也应用于课堂教学……在我国,文学理论界、文学批评界远离语文教学、文学鉴赏教学(文学鉴赏教学与语文教学应是从属关系不是并列关系——引者)的研究,已经见怪不怪。我国传统的文论,诚如刘衍文所言'由鉴赏始,以鉴赏终',但始终没有转化为教学论,丰富的文论积累,对中国传统的语文教育没有发生大的积极影响。在现代,文学研究也始终没能有力地介入语文教学、文学鉴赏教学。我国当代的文学理论、文学批评,80 年代之后,得到了长足的发展,但是,由于理论研究一直处在较高的层次上运转,至今也还没有对文学鉴赏教学产生大的积极影响……(文学教育)之所以只能在低水平重复,与文学理论界、文学批评界没有能向语文教学、文学鉴赏教学提供足量的适用的知识,有极大的关系。"③与新教材相配套的高中语文《教师教学用书(第三册)》指出,文学鉴赏是一种审美享受,同时又是一种艺术再创造。根据西方接受美学的理论,一件作品的诞生,不仅要经过作家的创造,还要经过读者的再创造。④ 由此,我想到了接受美学(Reception-aesthetics,也称接受理论或接受研究)。"接受美学既不是美学中美的本质或美感一般形式的研究,也不

---

① 周正逵.中学文学教育纵横谈[A].高中语文实验课本·教学指导书(第 3 册)[M].北京:人民教育出版社,1997:306.
② 朱克宝.文学教育教学研究要放眼世界[J].学语文,2003(4):49.
③ 倪文锦,欧阳汝颖,主编.语文教育展望[M].北京:华东师范大学出版社,2002:95—99.
④ 人民教育出版社中学语文室,编著.高中语文教师教学用书(第三册)[M].北京:人民教育出版社,2000:14.

是文艺理论的鉴赏批评研究,而是以现象学和解释学为其理论基础,以读者的文学接受为旨归,研究读者对作品接受过程中的一系列因素和规律的方法论体系。"①作为主要研究文学阅读的理论,它发轫于20世纪60年代末、70年代初的联邦德国,代表人物是姚斯和伊瑟尔。因其反对作者中心论、文本中心论,而强调作品的意义只有在阅读过程中才能产生,是文本与读者相互作用的产物,读者的阅读并非被动地反应,而是主动地参与,与文本进行交流、对话,从而建立了一门全新的"读者学"。随后风靡欧美学术界,20世纪80年代传入我国后,在学术界产生了强烈的反响。本文试图将其引入中学文学教育,澄清传统文学教育中的一些错误认识,改变一些不合理的做法。

既然题目是"接受美学与中学文学教育",要界定所论述的对象,那么必须弄清三个问题:1.读者、作者、文本三种阅读中心论影响下的文学教育有什么不同的价值取向,以此分析为什么引入接受美学理论;2.文学教育与一般语文训练有哪些联系与区别,高中文学教育与初中文学教育有哪些联系与区别,以此分析什么是中学文学教育。3.中学文学教育的发展历史是怎样的,以此了解本问题的研究历程。

二、三种阅读中心论影响下的文学教育的不同价值取向

西方学者特里·伊格尔顿对文学批评的发展作过十分精辟的概括:"当代文学批评理论粗略经历了三个阶段:专注作者(浪漫主义和19世纪);专注文本(新批评);近几十年又从文本转向读者。"②即作者中心论、文本中心论和读者中心论。如果说阅读是一种从印刷或书写的语言符号中获得意义的心理过程,那么以上三种理论的主要分歧就在于作品的意义是什么及怎样产生的。下面,谈谈它们各自的贡献和局限。

(一)作者中心论影响下的文学教育

现实生活是文学创作的源泉,文学作品是作者心灵的产物。作者中心论据此认为作品所写的就是作者所处时代生活的缩影,作品的意义等于作者的原意。换句话说,就是读解作品必须先联系作者的生平、创作背景及作者对自己作品的论述,再通

---

① 胡经之,王岳川,主编.文艺学美学方法论[M].北京:北京大学出版社,1994:333.不过,我认为,一方面,美学和文艺学常把文学阅读作为其研究对象,而接受美学也谈美学中的审美和文艺学中的鉴赏、批评,因而在我国有人将接受美学归入美学,有人将其归入文艺学,现在一般归入"读者学",如《人大资料汇编篇目索引》等;另一方面,"接受美学研究方法"是作为《文艺学美学方法论》一书的专章来阐述的,说它与文艺学、美学无关,岂不自相矛盾?可见,前面所引应改为:接受美学既不完全是美学中美的本质或美感一般形式的研究,也不完全是文艺理论的鉴赏批评研究,而主要是以现象学和解释学为其理论基础,以读者的文学接受为旨归,研究读者对作品的接受过程中的一系列因素和规律的方法论体系。
② 斯坦利·费什.读者反应批评:理论与实践[M].文楚安,译.北京:中国社会科学出版社,1998:1.

过文辞来推求理解作者的思想、感情、动机等,如果不这样,阅读就会"曲解""误解"。它否定文学文本中语言的含蓄性、形象的多义性、主题的多解性,同时否定读者在阅读过程中的主体性和阅读结果的创造性。这种理论对阅读创作年代明确、作者生平和创作心得有详尽记载的文学作品以及语言相对精确、人物性格相对单一、情节相对简单、主题相对单纯的准文学作品有一定的参考价值,有时甚至可以加深对作品的理解。但许多文学作品往往年代久远、作者不明或作者生平不详、创作缘起缺载,这样就很难据此读解作品。另外,作品内容与当时社会、作者原意与作品意义并非一一对应。例如,关于郁达夫作于1934年的《故都的秋》(高中《语文》第二册,人民教育出版社1998年版),教材编者根据创作背景及作者生平而在"自读提示"中断定是因为作者在国民党的白色恐怖威胁下思想苦闷而创作成文的。我想作者是不会同意这种说法的,因为此时的他和王映霞被称为"富春江上的神仙眷侣",过着隐逸恬适的生活。此文创作缘起在《达夫日记》中有载:1934年"八月十六日(旧七夕),星期四,阴。今天是双星节,但天上却布满了灰云,晨起上厕所,从槐树阴中看见了半角云天,竟悠悠然感到了秋意,确是北平的新秋……晚上看了一遍在青岛记的日记,明日有人来取稿,若写不出别的,当以这一月余的日记八千字去塞责。接《人间世》社快信,王余杞来信,都系为催稿的事情,王并且还约定明日来坐索。""八月十七日(七月初八),星期五,晴爽。晨起,为王余杞写了二千字,题名《故都的秋》。"[①]上厕所所见,催稿信所逼,成就了这篇佳作,文中表露的正如李商隐诗文中常见的"无端的心绪"。又如鲁迅应学生孙伏园之约为其编的《晨报·副刊》"开心话"栏目所作的《阿Q正传》,作者并未明言其主旨是要讽刺什么、匡正什么、揭露什么、鞭挞什么,但因其内涵丰富,"小说出版之后,首先收到的是一个青年批评家的谴责;后来,有以为是病的,也有以为滑稽的,也有以为讽刺的;或者还以为冷嘲,至于使我自己也要疑心自己的心里藏着可怕的冰块,然而我又想,看人生是因作者而不同,看作品又因读者而不同"[②]。鲁迅实际上在此处否定了以寻求作者原意为读解作品归宿的阅读方法。

(二)文本中心论影响下的文学教育

　　文本中心论反对作者中心论,认为作品与作者无关,作品的意义在于其本身的语言、结构、技巧等方面的新颖、陌生。阅读只须从作品本身寻找其意义即可,而专注字

---

① 浙江文艺出版社,编.郁达夫的日记集[M].杭州:浙江文艺出版社,1986:319.
② 鲁迅.鲁迅杂文全集[M].郑州:河南人民出版社,1994:929.

的读音、词的要素、语法结构、修辞方法及其他表现手法的精细分析。这显然有矫枉过正之嫌。对作者弃之不顾、对内容完全否定都是不当的。正如认识一个人,不能仅知其"何处是头、颈、胸、四肢",必须深入了解其"灵魂"。当然,形式也很重要。正如李渔说的,作文似造宅,"何处建厅,何方开户,栋需何木,梁用何材,必俟成局了然,始可挥斤运斧。"①可见,作者对作品的形式往往是苦心经营,而非随意而为。关注形式并非搞文本中心论所主张的繁琐分析;也不能认为好的文学作品呈现出一种"生命结构",而过分强调"涵泳""感悟",因为这必然导致文学教育的高耗低效。好的文学作品往往形式与内容都达到了完美的结合。我们应该"从形式中理解文学的内容,在内容中审视文学的形式"②,鉴赏其内容美与形式美。在课外要进行文学阅读知识的专题介绍,在课堂上进行文学阅读教学时要点拨归纳。如既要掌握作品中的人、事、物、景、情,又要知道是如何写人、记事、描景、状物和抒情的。这就离不开对语言的含蓄性、多义性、模糊性、陌生化的赏析,对结构的衔接、布局的赏析,对手法上的形与神、情与景、抑与扬、动与静、疏与密、断与连、平与奇、衬与映等方面的赏析。文体不同,其形式也是不同的,阅读时侧重点也应不同。如诗歌,关注其情感、意境、语言、形式等;小说,关注其主题、人物、情节、环境等;散文,关注其情感、构思、语言等;戏剧,关注其人物、冲突、结构、台词等。如果不关注形式,只重内容,那么,诗歌、散文、小说、戏剧就差别不大。

(三) 读者中心论影响下的文学教育

接受美学力倡读者中心论,并不像作者中心论、文本中心论那样走极端。首先,它并不完全反对作者中心论。如接受美学家姚斯在谈阅读波德莱尔的《烦厌》时强调,要了解"本文可能与之发生联系的文学传统是什么?历史、社会条件是什么?作者本人是如何理解这首诗的?"③其次,它也不完全反对文本中心论所强调的文本形式的客观存在。又如接受美学家伊瑟尔强调,"读者的主观作用却将受制于本文的既定构架。"④可见,与前两者相比,读者中心论对文学阅读的认识要全面得多。

读者中心论认为,如同工人生产出来的产品没有进入流通领域、没有被消费就不能成为商品一样,作者创作的文本如果不经读者阅读就只能是一堆白纸黑字,作品的意义只有在阅读过程中才能产生,并强调读者与文本进行交流与对话,进而创造性地读解。读者中心论确立了被作者中心论、文本中心论所忽略的读者观念,这是它的一

---

① 李渔.闲情偶寄[M].北京:作家出版社,1995:13.
② 蔡明,米学军,主编.文学作品鉴赏理论与实践[M].北京:语文出版社,2001:6.
③ H·R·姚斯,R·C·霍拉勃.接受美学与接受理论[M].周宁,金元浦,译.沈阳:辽宁人民出版社,1987:212.
④ 沃尔夫冈·伊瑟尔.阅读活动——审美反应理论[M].金元浦,周宁,译.北京:中国社会科学出版社,1991:173.

大贡献。

其另一大贡献是分析了文本与作品之间的关系，重新界定了作品的概念。作者中心论视作品为作者旨意的符号，文本中心论视作品为一个既定的封闭客体，而读者中心论认为作者所创作的在读者未读之前只能称为"文本"或"本文"。波兰现象学美学家英伽登认为，文学作品由四个层次和两个维面构成：第一层次为语言现象层（语音），第二层次为语义单位层（词义、句义），第三层次为再现客体层（语音、语义构成的尚未被接受的客观现象），第四层次为复合外观层（语音、语义、现象三者综合并经读者选择和充实后形成的意象）。这四个层次的整体构成作品第一维面，作品中的句子、段落、章节等构成作品第二维面[①]。不同层级和维面构成一个存在着众多的未定性和空白点的未完成的、动态的、开放的结构。"文学本文具有两极，即艺术极与审美极。艺术极是作者的本义，审美极是由读者来完成的一种实现。从两极性角度看，作品本身与本文或具体化结果并不同一，而是处于二者之间。"[②]也就是说，只有阅读文本（或本文），使其中的未定性得以确定、空白点得以填补后，才能成为作品。

力倡读者中心论的接受美学，无疑在社会科学史上树立了一个"典范"，姚斯和伊瑟尔是树立这个"典范"的巨人，作为"科学史上树立'典范'的巨人一般地说必须具备两种特征：第一，他不但在具体研究方面具有空前的成就，并且这种成就还起着示范的作用，使同行的人都得踏着他的足迹前进。第二，他在本门学术中的成就虽大，但并没有解决其中的一切问题。恰恰相反，他一方面开启了无穷的法门；而另一方面又留下了无数的新问题，让后来的人可以继续研究下去（即所谓'扫荡工作'），因而形成一个新的科学研究的传统。"[③]我们在继续研究时，可对其理论本身补苴罅漏，如接受美学研究；可将其理论运用于实践，如文学阅读；可将其理论引入其他学科，在交叉中寻求意义的增殖，开拓出崭新的领域，如文学教育。

但是，必须清醒地认识到，接受美学理论自身也是得中有失、是中有非的。因其过分强调作品的意义在于读者的创造性理解，人们在运用时容易产生两种不良倾向：一是主观唯心主义。接受美学在美国发展为读者反应批评理论，其代表人物之一的斯坦利·费什在《读者心中的文学：感受文体学》中说："本文的客观性只是一个幻想。"[④]二

---

① 英伽登.对文学的艺术作品的认识[M].陈燕谷，译.北京：中国文联出版公司，1988：16—55.
② 沃尔夫冈·伊瑟尔.阅读活动——审美反应理论[M].金元浦，周宁，译.北京：中国社会科学出版社，1991：29.
③ 余英时.红楼梦的两个世界[M].上海：上海社会科学出版社，2002：6.
④ H·R·姚斯，R·C·霍拉勃.接受美学与接受理论之"出版者前言"[M].周宁，金元浦，译.沈阳：辽宁人民出版社，1987：12.

是绝对相对主义。正如R·C·霍拉勃在《接受理论》中指出的,容易导致"过去为混饭吃而粗制滥造的文学作品和'名著'发挥着同样的功能"的后果[①]。

在述评完这三种阅读中心论之后,对比目前我国流行的文学阅读教学模式:时代背景的介绍——作者生平的交代(含创作经过)——段落大意的分析(含解词释句)——主题思想的归纳——写作特点的总结,我们会发现,这实际上体现了作者中心论和文本中心论的综合,却对学生这个读者关注较少。教师在教学时也是分析作者思想的"高处",文笔的"妙处",而不管学生的接受和反应,学生只是被动地听记,而缺乏自主阐释、自主评价的权利和机会。

作者、文本在教学时当然要关注,接受美学指导下的中学文学阅读教学不忽视作者的本意和文本的规定性,更关注读者自主地、创造性地理解,这种"读者"价值取向在2001年7月颁布的《全日制义务教育语文课程标准(实验稿)》(以下简称"义务教育《语文课程标准》")和2003年5月颁布的《全日制普通高中语文课程标准(实验)》(以下简称"普通高中《语文课程标准》")中得到了集中的体现,如义务教育《语文课程标准》指出:"阅读教学是学生、教师、文本之间对话的过程","学生对语文材料的反应又往往是多元的……应尊重学生在学习过程中的独特体验","阅读是学生的个性化行为,不应以教师的分析来代替学生的阅读实践。应让学生在主动积极的思维和情感活动中,加深理解和体验,有所感悟和思考,受到情感熏陶,获得思想启迪,享受审美乐趣。要珍视学生独特的感受、体验和理解。"[②]普通高中《语文课程标准》指出:"阅读教学是学生、教师、教科书编者、文本之间的多重对话,是思想碰撞和心灵交流的动态过程。""阅读文学作品的过程,是发现和建构作品意义的过程。作品的文学价值,是由读者在阅读鉴赏过程中得以实现的。文学作品的阅读鉴赏,往往带有更多的主观性和个人色彩。应引导学生设身处地去感受、体验,重视对作品中形象和情感的整体感知与把握,注意作品内涵的多义性和模糊性,鼓励学生积极地、富有创意地建构文本意义。"[③]这些可为进行中学文学教育提供如下借鉴。

1. 读者中心论提法与接受美学理论基本上是一致的。

2. 接受美学理论和新一轮基础教育课程改革的核心理论之一建构主义也是相通的。建构主义认为:学习者并不是信息的被动接受者,而是主动的选择与加工者。外

---

① H·R·姚斯,R·C·霍拉勃.接受美学与接受理论[M].周宁,金元浦,译.沈阳:辽宁人民出版社,1987:372.
② 中华人民共和国教育部,制订.全日制义务教育语文课程标准(实验稿)[S].北京:北京师范大学出版社,2001:17、2、17.
③ 中华人民共和国教育部,制订.普通高中语文课程标准(实验)[S].北京:人民教育出版社,2003:16.

部信息本身没有意义,意义是学习者自己的大脑通过新旧知识经验反复的、双向的相互作用而建构的,故不存在唯一的、真实的和客观的实在。

3. 接受美学符合阅读概念转变的趋向。张必隐在其1992年版的《阅读心理学》中将道林和莱昂为"阅读"所下的定义"阅读乃是对于记号(sign)的解释"及"阅读乃是对于符号(symbol)的解释"修改为"阅读乃是从书面材料中提取意义的过程"、"阅读是从书面材料中获取信息的过程",并考虑了阅读的动机、情感等而进一步将其定义修改为"阅读是从书面材料中获取信息并影响读者的非智力因素的过程"[①],这种阅读概念一直被各类阅读学著作所采用,但是这种"获取信息"的阅读观在近几年已被"读者与文本的交流与对话进而有所创造"的阅读观所替代。柳士镇、洪宗礼主编的2000年版的《中外母语课程标准译编》中列举了外国对阅读的新定义,如"阅读是从书面材料中获取意义的能力,是一个需要主动参与交流的复杂行为"[②]、"阅读是一个读者与文本相互作用,构建意义的动态过程"(美国)[③]、"阅读是一个复杂的过程,包括对书面语和口语之间关系的理解,显示了阅读过程中观念与信息的碰撞,显示出这些观念和信息与个人脑海中固有的知识和经历的某种关联"(加拿大)等[④]。

但是,对将接受美学引入文学教育的理论研究尚未深入。著作如黄书雄著《文学鉴赏论》(北京大学出版社1998年版)、许定国主编《文学鉴赏概论》(湖南师范大学出版社1999年版)、蒋成瑀著《语文课读解学》(浙江大学出版社2000年版)、蔡明与米学军主编的《文学作品的鉴赏理论与实践》(语文出版社2001年版)、曹明海与吕家乡合著的《中外文学作品鉴赏》(山东教育出版社2001年版)、刘运好著《文学鉴赏与批评论》(安徽大学出版社2002年版)、盛海耕著《品味文学》(上海教育出版社2001年版)等,对三种阅读理论的前两种作了深入研究,而对接受美学理论的阐述,有的根本未提,有的提到但篇幅短小,而且对接受美学的许多重要理论并未涉及,将其与具体的文学教育联系进行讨论的也不多。本人从1980—2002年的《人大资料汇编篇目索引》《全国报纸杂志资料汇编索引》检索复印的我国学者研究接受美学的论文100余篇,发现除有些重要理论未涉及外,其所论同阅读教学无任何联系;20余年来两种索引中的"中等教育"栏内论及接受美学的论文仅10余篇,且大多所论泛泛。可见,"接受美学与中学文学教育研究"是个薄弱环节,也是有必要研究的一个问题。

---

① 张必隐.阅读心理学[M].北京:北京师范大学出版社,1992:2—4.
② 柳士镇,洪宗礼,主编.中外母语课程标准译编[S].南京:江苏教育出版社,2000:294.
③ 倪文锦,欧阳汝颖,主编.语文教育展望[M].上海:华东师范大学出版社,2002:453.
④ 柳士镇,洪宗礼,主编.中外母语课程标准译编[S].南京:江苏教育出版社,2000:355.

三、文学教育与语文训练以及初中与高中文学教育的关系

只有通过比较,才能比较科学地认清楚事物的内涵。为了确定中学文学教育的内涵,有必要将文学教育与语文训练进行比较,然后再将初中文学教育与高中文学教育进行比较。

(一)文学教育与语文训练

在后文将提及,在我国,1949 年后虽然也曾仿效苏联使用《汉语》《文学》分编教材,配有相应的大纲,但还没有全面展开实施就取消了文学教育,尤其受到 20 世纪 60 年代初的"不要把语文课教成文学课"的口号和"工具论"的影响,人们把文学教育与一般语文训练混为一谈,主要表现在以下三方面。

一是在教材编写时将一些散文、小说视为"记叙文"。如人民教育出版社于 1990 年后陆续出版并沿用至 2000 年的高中《语文》教科书把《我的空中楼阁》《雄关赋》《威尼斯》等散文、《荷花淀》等小说编入记叙文单元。

二是在教学内容的确定方面大搞文章学分析。不只是对已列入"记叙文"单元的文学作品,就是对已确定为文学作品的课文也是如此。侧重分析其要素、线索和顺序、人称及中心、手法等。

三是在教学方法方面大搞语言学分析。字、词、句、段逐层分析阐释,词义、语法、修辞、逻辑一一细抠深掘。这样一来,文质兼美的作品,经老师一分析,在学生眼里往往变得面目可憎。学生阅读时感动得几乎落泪,经老师一分析,则情无泪收。张志公在 1984 年指出,"目前的语文教材里有比例很不小的文学作品,但并不是用来进行文学教育,而是用来进行'读写训练'的,连古典文学作品也不例外。这样的语文教学、语文教材,实际上是一种互相掣肘、两败俱伤的作法。"[1]这样,就无法起到前文述及的文学教育的诸多重要作用。换句话说,这种"文学教育"不是文学教育,而是仅仅是以文学为手段的教育。

甘其勋在《文学教育面面观》一文中对其弊端进行了总结:"把文学作品当作'文章'来教学,或仅仅作为语言训练的材料,实在是大材小用,难免造成混乱、出现尴尬"[2]。

---

[1] 张志公,庄文中.张志公论语文教学改革[M].南京:江苏教育出版社,1987:120.
[2] 甘其勋.文学教育面面观[J].中学语文教学参考.1999(1—2):10.

虽然,文学教育与一般语文训练同属于语文教学,但是文学教育与一般语文训练是有区别的。周正逵曾从以下三个方面对此作过界定[①]:

一是在知识教育方面,一般的语文训练着重学习有关语言学和文章学的基本知识,文学阅读则着重学习有关文学和文学鉴赏的基本知识。

二是在培养能力方面,一般的语文训练着重培养实用文章的解析能力,文学阅读则着重培养文学鉴赏能力。

三是在思想教育方面,一般的语文训练着重提高学生的思想修养,发展认识能力和思维能力;文学阅读训练则着重培养学生的道德、情操,发展想象能力、培养审美情趣。

(二)初中文学教育与高中文学教育

在弄清了文学教育和一般语文训练的联系和区别之后,还须弄清高中文学教育与初中(7—9年级)文学教育的联系和区别。在分析之前,先要弄清文学阅读的类型,中学文学教育到底包含了其中的哪几种。

根据目的的不同和水平的高低可分为以下六种类型:

1. 实用性阅读。只了解文本中写了什么人、事、物、景,而没有审美想象,移情注感。如竺可桢用《诗经·豳风·七月》"八月剥枣,十月获稻,为此春酒,以介眉寿……二之日凿冰冲冲,三之日纳于阴陵,四之日其蚤,献羔祭韭,九月肃霜"所推知的物候与从《召南》"摽有梅,顷筐暨之"和《卫风》"瞻彼淇奥,绿竹猗猗"中推知的物候相比较,来说明邠地海拔较高,气候严寒[②]。陈寅恪以元稹、白居易的诗(《元白诗笺证》)和柳如是的诗(《柳如是别传》)来分析唐和南明的历史、政治状况等。贾祖璋以杜牧的《过华清宫绝句》中"长安回望绣成堆,山顶重门次第开,一骑红尘妃子笑,无人知是荔枝来"来印证荔枝不耐贮藏[③]。这些都是以诗证"地"(地理)、证"史"(历史)、证"物"(物体)等等。

2. 欣赏性阅读。通过想象再现文本中的人、事、物、景,通过移情体会喜、怒、哀、乐,真正做到设身处地(作者、文本中的人物)、身临其境(文本中的意境),以求物我合一、人我合一。"寂然凝虑,思接千载;悄焉动容,视通万里。吟咏之间,吐纳珠玉之声;眉睫之前,卷舒风云之色","登山则情满于山,观海则意溢于海。"[④]如聪强在《红楼梦杂

---

① 周正逵.中学文学教育纵横谈[A].高中语文实验课本·教学指导书(第3册)[M].北京:人民教育出版社,1997:302.
② 竺可桢.看风云舒卷[M].天津:百花文艺出版社,1998:65—66.
③ 贾祖璋.南州六月荔枝丹[A].普通高中《语文》(第1册)[M].北京:人民教育出版社,1990:156.
④ 刘勰.文心雕龙[M].北京:中华书局,1985:38.

评》中说的:"后世闺女,阅《红楼梦》一书,辄神志昏迷,恋恋于宝哥哥之情深者,不亦颠欤?"①据说,一浙江女读《红楼梦》思恋成病,家人欲夺而投之于火,她大呼:"为何烧煞我宝玉!"这是在欣赏。《红楼梦》里林黛玉,读到《西厢记》中"花落水流红,闲愁万种"之句,听见《牡丹亭》中"如花美眷,似水流年"之辞,"不觉心痛神痴,眼中落泪"(第24回"《西厢记》妙词通戏语,《牡丹亭》艳曲警芳心")。这也是在欣赏。因为浙江女、林黛玉都是"入乎其内",沉迷其中,而没有"出乎其外"地思考、分析作者为什么写得如此之好。

3. 鉴赏性阅读。欣赏与鉴赏,联系在于都认同作者、文本,区别在于一"鉴"字。"鉴"即"出乎其外"地思考、分析。夏丏尊说:"对于某篇文字要了解其中的各句各段及全文旨趣所在,这是属于理解的事。想知道其每句每段或全文的好处所在,这是属于鉴赏的事。"②鉴赏性阅读着重于思考、分析作者思想的"高处"、文本的"妙处"等。中国古代常见的对小说、戏曲的"评点""评释""评品"文字大多属于鉴赏。如对《红楼梦》中"贾夫人仙逝扬州城　冷子兴演说荣国府"一回有各种不同版本的鉴赏文字。对"贾雨村不耐烦,便仍出来"一句,(甲戌眉)有:"毕竟雨村还是俗眼,只能识得阿凤、宝玉、黛玉等未觉之先,不识得既证之后","未出宁、荣繁华盛处,却先写一荒凉小境;未写通部入世迷人,却先写一出世醒人。回风舞雪,倒峡逆波,别小说中所无之法。"③还有靖藏、戚序等多家鉴赏文字。这些文字就是对作者对人物的褒贬和笔法运用的击节赞赏,虽说出了"为什么好",但没有说审视是不是真好。

4. 批评性阅读。批评与鉴赏的联系在于都是对作者、文本作出"出乎其外"的思考、分析,区别在于鉴赏是审美地仰首认同,而批评是理性地反观审视,把自己心中的与作者笔下的对比,进行诘难发问,并作出相应的价值判断。我们还是以《红楼梦》为例,第48回"滥情人情误思游艺　慕雅女雅集苦吟诗"中有香菱对王维《使至塞上》和《送邢桂州》二诗的思考、分析:"我看他《塞上》一首,那一联云:'大漠孤烟直,长河落日圆'。想来烟如何直?日自然是圆的:这'直'字似无理,'圆'字似太俗。合上书一想,倒象是见了这景的。若说再找两个字换这两个,竟再找不出两个字来。再还有'日落江湖白,潮来天地清',这'白''清'两个字也似无理。想来,必得这两个字才形容得尽,含在嘴里倒象有千斤重的一个橄榄"。香菱的"再也找不出这两个字"来"换"和"这两个字才形容得尽"是鉴赏,说了"为什么好"。且不说香菱说得对错,这"无理""太俗"的

---

① 聪强. 红楼梦杂评[M]. 红楼梦研究稀见资料汇编[G]. 北京:人民文学出版社,2001:78.
② 夏丏尊. 夏丏尊文集·文心之辑[M]. 杭州:浙江文艺出版社,1983:530.
③ 朱一玄,编. 红楼梦资料汇编[G]. 天津:南开大学出版社,2001:106.

评语,就是根据自己的理解对作者、文本作出的批评,说了声"不好"。

5. 研究性阅读。这是一种类似学术研究式的阅读。研究性阅读与实用性阅读的区别在于,后者是以文学文本印证历史、地理、政治、文化等,而前者相反。研究性阅读与批评性阅读的区别在于,后者在评价文学文本时多从文本本身情况和读者自己的价值标准出发,而前者要参阅各家对此文本的解读文字,联系与文本的内容与形式相关的各方面知识,对文本作多方位、多层面的研探。如读《诗经》,一方面要参阅历代"注疏"、鉴赏、批评等,进行对比、分析;另一方面要像坐拥书巢的陆游在《万书楼记》里说的"治一经而足":"一卷之书,初视之若甚约也,后先相参,彼是相稽,本末精粗,相与(为)发明,其所关涉已不胜其众矣。一编(一)简有脱遗失次者,非考之于他书,则所承误而不知。同字而异诂,同辞而异义,书有隶古,音有楚夏,非博极群书,则一卷之书,殆不可遽通。此学者所以贵乎博也。"①"治一经"并非只读一经,读通《诗经》,史实要联系《左传》,训诂要联系《尔雅》,习俗要联系《礼记》等。如夏丏尊曾以读《桃花源记》为例谈了这种读书方法:"诸君在国语教科书里读到一篇陶潜的《桃花源记》,如果有不曾明白的词儿,得翻辞典,这时辞典(假定是《辞源》)就成了参考书。这篇文章是晋朝人做的,如果诸君觉得和别时代人所写的情味有些两样,要想知道晋代文的情形,就会去翻中国文学史(假定是谢无量编的《中国文学史》),这时文学史就成了诸君的参考书。这篇文章里所写的是一种乌托邦思想,诸君平日因了师友的指教,知道英国有一位名叫马列斯的社会思想家写过一本《理想乡消息》和陶潜所写的性质相近,拿来比较,这时,《理想乡消息》就成了诸君的参考书。这篇文章是属于记叙一类的,诸君如果想明白记叙文的格式,去翻看《记叙文作法》(假定是孙俍工编的),这时《记叙文作法》就成了诸君的参考书。还有,这篇文章的作者叫陶潜,诸君如果想知道他的为人,去翻《晋书·陶潜传》或《陶集》,这时《晋书》或《陶集》就成了诸君的参考书。"②这种阅读方式,其实就是研究性阅读。

6. 创造性阅读。在前述几种阅读中,尤其是在批评性阅读和研究性阅读中常引发见人(自己、作者和其他读者)未见、发人(自己、作者和其他读者)未发的创造性阅读成果。这一点后文有多处论述。

那么,中学文学阅读指哪几种阅读类型呢?

我们再看看语文课程标准中的文学阅读的相关要求。

---

① 张明仁,编著.《古今名人读书法》[G].北京:商务印书馆,2007:78.
② 夏丏尊.国文学习三讲[M].夏丏尊,叶圣陶.文章讲话[M].上海:上海文艺出版社,2001:143—144.

表 0-1　义务教育与普通高中课程标准中文学阅读要求比较表

课程标准	项目	要求
《全日制义务教育语文课程标准（实验稿）》（以下简称"义务教育《语文课程标准》"）第四阶段（7—9）年级	"阅读""阶段目标"	"欣赏文学作品，能有自己的情感体验，初步领悟作品的内涵，从中获得对自然、社会、人生的有益启示。对作品的思想感情倾向，能联系文化背景作出自己的评价；对作品中感人的情境和形象，能说出自己的体验；品味作品中富于表现力的语言"。"在通读课文的基础上，理清思路，理解主要内容，体味和推敲重要词句在语言环境中的意义和作用"；"对课文的内容和表达有自己的心得，能提出自己的看法和疑问，并能运用合作的方式，共同探讨疑难问题"。
	"文学作品阅读评价"	"根据文学作品形象性、情感性强的特点，可着重考察学生对形象的感受和情感的体验，对学生独特的感受和体验应加以鼓励"。
《全日制普通高中语文课程标准（实验）》（以下简称"普通高中《语文课程标准》"）	"必修课程""阅读与鉴赏""课程目标"	"学习鉴赏中外文学作品，具有积极的鉴赏态度，注重审美体验，陶冶性情，涵养心灵。能感受形象，品味语言，领悟作品的丰富内涵，体会其艺术表现力，有自己的情感体验和思考"。"学习中国古代优秀作品，体会其中蕴涵的中华民族精神，为形成一定的传统文化底蕴奠定基础。学习从历史发展的角度理解古代作品的内容价值，从中汲取民族智慧；用现代观念审视作品，评价其积极意义与历史局限"；"发展独立阅读的能力"；"从整体上把握文本内容，理清思路，概括要点，理解文本所表达的思想、观点和感情。善于发现问题，提出问题，对文本能作出自己的分析判断，努力从不同的角度和层面进行阐发、评价和质疑。根据语境揣摩语句含义，运用所学的语文知识，帮助理解结构复杂，含义丰富的语句，体会精彩语句的表现力。""注重个性化的阅读，充分调动自己的生活经验和知识积累，在主动积极的思维和情感活动中，获得独特的感受和体验。学习探究性阅读和创造性阅读，发展想象能力、思辨能力和批判能力"。
	"必修课程的评价、阅读与鉴赏评价"	有"对言之有据的独特见解，应予以鼓励"；"文学类文本阅读的评价，是阅读与鉴赏评价的重点。要重视评价学生对作品的整体把握，特别是对艺术形象的感悟和文本价值的独到理解，鼓励学生的个性化阅读和创造性的解读。要重视评价学生对不同文体作品的阅读鉴赏能力，以及借助有关资料评介作品的能力"。"文言文阅读的评价……用历史眼光和现代观念审视作品的内容和思想倾向"。
	"选修课程的评价"	1. 诗歌与散文 学生的阅读积累是评价的基础，要注意考察他们的阅读兴趣和文化视野。 以学生的审美能力、艺术趣味和欣赏个性作为评价的重点，如能否展开想象和联想，能否对作品的形象和意境产生感情的共鸣，能否发现作品的丰富内蕴和深层意义，是否对作品有独到的感受和创造性理解，是否具有批判质疑的能力等。可通过写读书报告、读书札记、评论鉴赏文章、举行朗诵表演等具体成果考察学生的诗歌散文鉴赏水平。 在诗歌散文评论和创作方面，既要考察学生的参与态度，也要评价其成果的水平。

		2. 小说与戏剧 　　评价的基本要求和"诗歌与散文"大致相同。评价中还应关注学生对作品的人物、情节和场景等的感受。

从上面所列举的语文课程标准和大纲,尤其是义务教育《语文课程标准》和普通高中《语文课程标准》中可以发现,初中、高中文学教育有一致的地方,即要求学生在阅读文学文本时,不仅要欣赏、鉴赏、批评,更要初步研究,力求创造;使学生不仅成为一个欣赏者、鉴赏者、批评者,更要成为一个初步研究者和创造者。

语文课程标准研制组成员陆志平指出,"初中阶段的文学教育,究竟应该达到什么样的要求和水平?初中提出初步培养欣赏文学作品的能力,高中阶段也提了这个要求,两者究竟作何区别?必须对此进行科学的论证。"[1]但是,初中和高中的文学教育还是有区别的。我们先将义务教育《语文课程标准》与《高中语文教学大纲》(义务教育《语文课程标准》与普通高中《语文课程标准》在精神上一致,但在体例上不尽一致,而与2002年4月颁布的《高中语文教学大纲》较一致,为了更明确,故将义务教育《语文课程标准》与《高中语文教学大纲》进行比较)比较一下,见下表:

表0-2　义务教育课程标准与普通高中教学大纲关于文学阅读的比较表

	义务教育《语文课程标准》有关表述	《高中语文教学大纲》有关表述
教学目的(课程目标)	提高文化品位和审美情趣	培养高尚的审美情操和一定的审美能力
	逐步形成良好的个性和健全的人格	发展健康个性,形成健全人格
		具有初步的文学鉴赏能力和阅读浅易文言文的能力
教学内容与要求(阅读)	激发想象力和创造力	培养发现、探究、解决问题的能力
	欣赏文学作品,能有自己的情感体验,初步领悟作品的内涵,从中获得对自然、社会、人生的有益启示。对作品的思想感情倾向,能联系文化背景作出自己的评价;对作品中感人的情境和形象,能说出自己的体验;品味作品中富于表现力的语言	初步鉴赏文学作品,能感受形象,品味语言,领悟作品的丰富内涵,体会其艺术表现力,有自己的情感体验和思考,受到感染和启迪

---

[1] 教育部基础教育司组织,语文课程标准研制组,编.语文课程标准解读[M].武汉:湖北教育出版社,2002:91.

教学内容与要求(阅读)	了解课文涉及的重要作家作品知识和文化常识;能够区分写实作品与虚构作品,了解诗歌、散文、小说、戏剧等文学样式	了解课文涉及的重要作家作品知识,了解中国文学发展简况
	诵读古代诗词,有意识地在积累、感悟和运用中,提高自己的欣赏品位和审美情趣	诵读古典诗词和浅易文言文,背诵一定数量的名篇
	扩大阅读范围,拓展自己的视野;广泛阅读各种类型的读物,课外阅读总量不少于260万字,每学年阅读两三部名著	扩大阅读视野,丰富自己的精神世界……课外自读文学名著(10部以上)、科普书刊和其他读物,不少于300万字
	能利用图书馆、网络搜集自己需要的信息和资料;学会使用常用的语文工具书	能使用多种语文工具书,利用多种媒体,搜集和处理信息

从上表可以发现,在能力要求上存在一个级差,高中文学教育在目的方面明确强调要培养学生的一定的审美能力,让学生具有初步的文学鉴赏能力。普通高中《语文课程标准》更明确地提出,"学习探究性阅读和创造性阅读,发展想像能力、思辨能力和批判能力"[①]。在具体的阅读教学内容的要求方面,从"提出自己的看法和疑问"到"作出自己的分析和判断""从不同的角度进行阐发、评价和质疑"以及从"欣赏文学作品"到"鉴赏文学作品"的不同表述中可知,初中侧重对作品"表述了什么"的感性认识(感受),而高中文学教育在此基础上更强调对作品"怎样表述的""为什么这样表述""这样表述合理吗"的理性认识(理解)。在学习方式上,高中文学教育更强调学生的主动学习、探究。普通高中《语文课程标准》更明确地提倡采用"自主、合作、探究"的学习方式。这是因为以下两方面原因。

首先,初、高中教学目标不同。初中阶段侧重语文基础知识、基本技能的训练,所以文学作品在初中教材中所占比例和高中相比显得较少,文学教育在初中语文教学中的地位和高中相比显得较低,要求也就相对较低。

其次,初、高中学生心理发展有别。初中生抽象思维日益占优势,但思维中具体形象成分起着主要作用;求异思维发展迅速,而求同思维发展缓慢;思维的创造性、批判性明显增强,但存在一定的片面性;自我意识增强,但较多关注别人的态度和反应。高中

---

① 中华人民共和国教育部,制订.普通高中语文课程标准(实验)[S].北京:人民教育出版社,2003:8.

生辩证逻辑思维迅速发展,能用全面、发展、统一的观点认识问题、分析问题、解决问题。抽象逻辑思维已经由初中经验型水平向理论型水平急剧转化;相对于初中来说,自我评价能力已经成熟,随着辩证、抽象逻辑思维的发展,很少像初中那样是由关注别人的态度和反应投射自身而产生的,而更有内在自发性,能全面、辩证、客观地分析自己,从自己的角度去分析、评价其他。创造性想象占优势,创造水平较初中有很大提高[①]。

通过以上的比较分析可知,中学文学教育就是让学生掌握文学知识(包括简单的文学理论、文学鉴赏、文学史、文学创作知识),主动地对文学作品的内容与形式(包括思想、观点、情感、形象、语言、艺术技巧等)欣赏、鉴赏、批评、初步研究和创造,以形成初步的文学阅读能力。明白了这些,才能有章可循,有的放矢。

四、中学文学教育的历史回顾

随着1902—1904年语文单独设科,中学文学教育开始了百年的风雨历程。今天,当我们重新关注文学教育的时候,回顾这段历史将有助于当下的文学教育。鉴古以知今,可是探讨其发展历史只有几篇文章,而且谈的都是建国以后的发展历史。鉴于此,下面对中学文学教育的百年历史进行梳理,将其发展分为五个时期。

(一)思想萌芽期

虽然从孔子强调"诗教",到梁启超疾呼"兴小说",都在强调文学的重要教育意义,中间也出现过唐代的以诗赋取仕和宋代苏轼等人力主将诗赋纳入科考内容,但在我国古代没有单独的语文学科,真正的文学教育的实施是很困难的。从先秦到晚清,语文是附存在哲学、经学、文学、史学之中的。"语文教育"是让学生学习教材的内容性知识,以求"教化""致用"。其教材有三个系列:一是蒙学读物,如"三(《三字经》、百(《百家姓》)、千(《千字文》)、千(《千家诗》)",其中的《千家诗》供儿童识字之用(也供学习属对、学写试帖诗之用)。二是儒家经典,如汉代以"五经"(《诗经》《尚书》《礼记》《易经》《春秋》)为教材,宋代以"四书"(《大学》《论语》《中庸》《孟子》)为教材,但是"读经以存圣教",其中的《诗经》和具有文学色彩的《孟子》是供教化之用。三是文选读本,从南朝的《昭明文选》到宋代的《文章正宗》,再到清代的《古文观止》等,是供习仿文章之用。可以说,在古代,虽然存在文学教育,但没有明确的文学教育的意识,学生只能在识字、读书、作文的过程中接受到一些文学的熏陶。这种局面一直延续到晚清。

[①] 林崇德,主编.发展心理学[M].北京:人民教育出版社,1995:363.

语文独立设科,是随着废科举、兴学堂的教育制度改革而出现的。鉴于列强的入侵和中国的贫弱,资产阶级改良派代表人物康有为、梁启超等上书皇帝,痛陈科举之弊。连光绪帝都喟叹:"西人皆曰为有用之学,我氏独曰为无用之学。"[①]后光绪帝下诏废科举、兴学堂。但随着戊戌变法失败,形势又恢复了原样。1901年,张之洞、刘坤一、袁世凯等上书详陈科举制度的利弊。此时清政府又面临着八国联军入侵(1900)、日俄战争爆发(1904),而在内外交困之下不得不下谕"立停科举以广学校",实施教育改革,随之建立了新的学制。1902年,清政府颁布了《钦定学堂章程》,即"壬寅学制"。1904年又颁行了《奏定学堂章程》,即"癸卯学制"。随着后者的实施,语文也随之开始单独设科。随着语文独立设科,立名就提上了日程。1904年初等小学堂设"中国文字",高等小学堂、中等学堂设"中国文学"。但这里的"中国文学"包括"习字、词章、文学"等,文学所读都是文言文章,其教学目的主要是保存国粹和文章仿作。

　　辛亥革命之后,对文学教育的理解产生了一点变化,不再只把文学教育当成教化的工具。1912年教育部公布《中学校令施行规则》,其所规定的国文科的要求中有"涵养文学之兴趣"[②]。五四运动以后,1923年公布的《新学制课程标准纲要》,初中国语科的课程目的中有"引起学生研究中国文学的兴趣"[③],高中国语科的课程目的中有"培养欣赏中国文学名著的能力"[④]。同时,教材里出现了一批"五四"作家,如鲁迅、朱自清等人的白话文学作品和外国文学作品。

　　南京国民政府成立后(1927—1949),对中学课程进行过多次修订,如1932年公布的《中学国文科课程标准》,初中国文科的课程目标中有"养成阅读书籍之习惯与欣赏文艺之兴趣"[⑤],高中国文科的课程目标中有"培养学生读解古书,欣赏中国文学名著之能力;培养学生创造新语新文学之能力。"[⑥]抗战期间,在《六年制中学国文课程标准草案》所确定的课程目标中有"培养欣赏文艺之兴趣,及陶冶文学上创作之能力"[⑦]。

　　可以说,从"'五四'以来中学语文教学的变化"来看,"突出了文学作品教学"[⑧]。

(二)学科确立期

　　1949年中华人民共和国成立之后,全国各条战线都向苏联学习,语文教育也不例

[①] 舒新城,编.中国近代教育史资料(上)[G].北京:人民教育出版社,1961:199.
[②] 课程教材研究所,编.20世纪中国中小学课程标准·教学大纲汇编:语文卷[S].北京:人民教育出版社,2001:272.
[③] 课程教材研究所,编.20世纪中国中小学课程标准·教学大纲汇编:语文卷[S].北京:人民教育出版社,2001:274.
[④] 课程教材研究所,编.20世纪中国中小学课程标准·教学大纲汇编:语文卷[S].北京:人民教育出版社,2001:277.
[⑤] 课程教材研究所,编.20世纪中国中小学课程标准·教学大纲汇编:语文卷[S].北京:人民教育出版社,2001:289.
[⑥] 课程教材研究所,编.20世纪中国中小学课程标准·教学大纲汇编:语文卷[S].北京:人民教育出版社,2001:293.
[⑦] 课程教材研究所,编.20世纪中国中小学课程标准·教学大纲汇编:语文卷[S].北京:人民教育出版社,2001:312.
[⑧] 叶苍岑,主编.中学语文教学通论[M].北京:北京教育出版社,1984:48—52.

外。1950年中央人民政府出版总署编辑出版了全国统一语文教材,"选入了大量的中国现代文学作品、当代文学作品和一般的记叙文、议论文,也选进了一些苏联文学作品。"[①]1951年,教育部召开第一次全国中等教育工作会议,胡乔木根据苏联语言和文学分科的做法,针对当时语文教育较为混乱的局面提出,"把语言教育和文学教育分开。"[②]1953年4月,教育部向中央政治局报告工作,提出改进中小学语文教育问题,毛泽东指示语言、文学可以分科。1953年12月,中央语文教学问题委员会给党中央的《关于改进中小学语文教学的请示报告》说得很清楚:"我国中小学的语文教学,历来都是把语言和文学混在一起教。这样教学的结果,不论从语言方面看,还是从文学方面看,都遭到了很大的失败。"[③]1956年5月,教育部印行《初级中学汉语教学大纲(草案)》;7月,印行《初级中学文学教学大纲(草案)》和《高级中学文学教学大纲(草案)》。《文学教学大纲(草案)》规定了文学教学的性质、目的、任务、内容等。这样就"初步创建了比较完整的汉语学科体系和文学学科体系"[④]。1956年3、4月,张毕来、蔡超群主编的《初级中学课本文学》和《高级中学课本文学》相继出版,供当年秋季入学使用。1956年7月,教育部发出《关于中学、中等师范学校的语文教材分成汉语、文学两科并使用新课本的通知》,于是1956年秋季正式在全国范围内开展实施,但是,因为多种原因,1958年却停止了试行。其中的原因是多方面的,刘国正作为事件的亲历者从政治环境方面进行了分析,他认为是偶然造成的:一位"一直不曾过问此事的中共中央宣传部部长对文学、汉语分科以及文学课本选材不当提出严厉的批评"[⑤]。有人认为是当时提倡阶级斗争的必然因素造成的,因为有人责问:"今天全国人民以无比的干劲建设社会主义,而现行文学教材却选编了一些消极避世、闲情逸致、儿女情长的作品来教育学生,这和今天轰轰烈烈的时代合拍吗?"[⑥]多数论者从教学本身进行了总结:一是教材内容有问题,汉语教材中语法繁复,文学教材按照文学史的发展由古到今的顺序来编选违背了学生的接受心理。二是教学方法不对头,汉语课讲成了语言研究,文学课上成了文学理论课。三是教师自身的原因,教师的素质参差不齐,有的上得好,有的上得差,而且汉语、文学老师不相往来,缺乏协调、互补。还有如教材中没有实用文章,无法培养学生的实用文章阅读能力。教材中没有写作教学内容,写作教学无法实施等

---

① 叶苍岑,主编.中学语文教学通论[M].北京:北京教育出版社,1984:55.
② 刘国正.似曾相识燕归来——中学文学教育的风雨历程[J].《课程·教材·教法》,2000(6):18.
③ 张隆华,主编.中国语文教育史纲[M].长沙:湖南师范大学出版社,1991:354.
④ 叶苍岑,主编.中学语文教学通论[M].北京:北京教育出版社,1984:62.
⑤ 刘国正.似曾相识燕归来——中学文学教育的风雨历程[J].《课程·教材·教法》,2000(6):18.
⑥ 邢英,刘正伟.世纪之建构:1956年汉语、文学分科教学综论(续)[J].中学语文教学参考,2003(1—2):13.

等。教材、教学存在问题尚可研究、探讨，政治因素的介入却让人无能为力。文学教育就这样"刚开了头，就煞了尾"，在"昙花一现""灵光一闪"之后，随即归入沉寂。

（三）沉寂期

1959、1961年《文汇报》开展了"语文教学的目的任务"的讨论。1961年8月和1963年1月《人民教育》先后发表了《反对把语文教成政治课》和《不要把语文课教成文学课》两篇文章。1963年的《全日制中学语文教学大纲（草案）》对以上两方面进行了分析，提出了语文"工具论"，语文仅仅成了学习其他学科和日后从事工作的基本工具。工具论对把语文课上成政治课的错误做法确实起到了抑制作用，但没有对文学教育进行实事求是的总结。

1966年至1977年没有全国统编的教材，由各省市自行编写，难见优美的文学作品，只有大量的"语录""时评""社论"等，语文课变成了"政文课""革命文艺课"，中学文学教育陷入沉寂。

（四）复苏期

1978年，"文革"后制定第一个中学语文教学大纲《全日制十年制学校中学语文教学大纲（试行草案）》，以下简称《大纲（试行草案）》，主要是简单修订1963年的《全日制中学语文教学大纲（草案）》，《大纲（试行草案）》没有提及文学教育。1982年人民教育出版社编写了一套初中《阅读》教材，在说明中提出要培养学生初步欣赏文学作品的能力，有人认为这是"'文革'后呼唤文学教育的最早声音。"[1]1986年颁布的《全日制中学语文教学大纲》在高中阶段的"教学要求"提出，要使学生"初步具有鉴赏文学作品的能力"[2]。中学文学教育真正开始复苏了。1992年颁布的《九年义务教育全日制初级中学语文教学大纲（试用）》的"教学要求"中有"初步具有欣赏文学的能力"[3]。随后，多套九年义务教育和普通高中教材中出现了大量的文学作品。值得一提的是，人教社通过编写教材来进行探索：一套是供重点中学使用的分编教材《六年制中学语文课本》。初中阶段分为两套，一套《阅读》，一套《作文·汉语》，3年共12册；高中阶段分编为《文言读本》（上、下）、《文学读本》（上、下）、《文化读本》（上、下）、《现代文选读》（上、下）、《文学作品选读》（上、下）、《写作与说话》（1—6册），总共6套16册。这套教材，明显接受了汉语、文学分科的编写思想，同时，注意到了语文是重要的"文化载体"。这套

---

[1] 语文课程标准研制组，编.语文课程标准解读[M].武汉：湖北教育出版社，2002：91.
[2] 课程教材研究所，编.20世纪中国中小学课程标准·教学大纲汇编：语文卷[S].北京：人民教育出版社，2001：478.
[3] 课程教材研究所，编.20世纪中国中小学课程标准·教学大纲汇编：语文卷[S].北京：人民教育出版社，2001：524.

教材,从 1985 年出版,到 1989 年出齐,再到 1997 年前进行了两轮试教。另一套是供普通高中使用的合编教材《全日制普通高级中学·语文》。这套教材的课文有 60%以上是文学作品(包括文学读本总共有 400 多篇文学作品),高二全部是文学作品,高三有三分之二是文学作品,教材编者的意图是在高二学年培养学生的文学鉴赏能力,高三学年培养学生研讨、评价文学作品的能力。这套教材从 1993 年开始研究,到 1996 年编写完成。先在"两省一市"(江西、山西、天津)试教。1997 年起试验范围向安徽等省扩大。就在 1996 年,为了指导试验的开展,颁布了《全日制普通高级中学语文教学大纲(供试验用)》。大纲提升了文学教育的地位,将文学鉴赏能力写进"教学目的",使"具有初步的文学鉴赏能力"[①]成为与现代文学阅读能力、写作能力、口语交际能力、阅读浅显文言文的能力相并列的能力之一,肯定了加强文学教育的必然趋势。

这一阶段有关语文学科性质论争的结果是初步达成共识:语文科既有工具性又有人文性。就在文学教育即将重展雄风之时,1997 年末,《北京文学》刊发了《女儿的作业》(邹静之)、《中学语文教学手记》(王丽)、《文学教育的悲哀》(薛毅),矛头直指中学语文教育中的文学教育弥漫着工具理性,呼吁人们关注久已失落的人文(文学)精神,从而引发了社会各界对中学语文教育的大批判,使语文教育遭遇了世纪末的尴尬。有人说语文教育"病入膏肓",有人说语文教育"误尽苍生"。

(五) 重振期

语文教育内部自然发展和外部讨论刺激相结合,让中学文学教育得以重整旗鼓,人们也可以名正言顺地讨论了。2001 年 7 月颁布的《全日制义务教育语文课程标准(实验稿)》、2002 年 4 月颁布的《全日制普通高级中学语文大纲》和 2003 年 5 月颁布的《全日制普通高中语文课程标准(实验)》都对中学文学教育作出了较为明确的规定。但是,我们发现目前人们在热烈讨论时意气用事的太多,如争论是否应该单独设科,争论其与语文教育的关系,而充分说理的太少;从宏观上谈论作用、原则的太多,从微观上探讨课堂教学的太少,以至于出现"正是处于无米下锅的窘况"[②]的反常现象。

---

① 课程教材研究所,编.20 世纪中国中小学课程标准·教学大纲汇编:语文卷[S].北京:人民教育出版社,2001:535.
② 倪文锦,欧阳汝颖,主编.语文教育展望[M].上海:华东师范大学出版社,2002:100.

理论探索篇

文学鉴赏能力的构成要素有哪些？培养的途径是什么？文学教学目标有哪些？应从哪些维度去呈现？如何处理教学目标的预设与教学内容生成的关系？文学类教材选择什么样的文本有利于培养学生的文学阅读能力？文本如何呈现？采用什么样的教学过程模式才能促进学生深入理解文学文本？采用什么样的读法、如何运用多媒体才有利于学生进行创造性解读？文学类研究性学习的要求、方向和方法是什么？如何对文学类文本进行有别于实用类文本的适宜的考查与评价方式？这些问题，如果从接受美学的视角来观察，将会有很多新的发现。

第一章

从接受美学看中学生文学阅读鉴赏能力的培养

阅读是从印刷或书写的语言符号中获得意义(提取信息)并与作者、文本等展开交流与对话的心理过程,心理结构的完善与否,将决定阅读能力的高低。文学阅读能力的核心是文学鉴赏能力,但是"文学鉴赏一直是语文教学和语文教材的最大的难点(甚至是盲点)之一。"[①]如何优质高效地培养中学生的文学阅读能力,提高其鉴赏水平呢?接受美学家姚斯承袭海德格尔的"前结构"、伽达默尔的"理解视野"和皮亚杰的发生认识论原理提出的"期待视野"概念,对培养学生的文学阅读能力,提高其鉴赏水平有很大的借鉴价值。

一、中学生文学阅读鉴赏能力的构成

"期待视野"指阅读前读者的大脑并非呈"白板"状态,而是有一个"预成图式",即阅读文学作品前先行具备的一种知识框架和理论结构,也即既定的先在视野。正如鲁迅先生所说:阅读文学作品,"读者也应该有相当的程度。首先是识字,其次是有普通的大体的知识,而思想和情感,也须大抵达到相当的水平线。否则,和文艺即不能发生关系。"[②]可见,阅读文学作品,首先要有语言文字知识和文化生活知识。语言文字知识

---

① 刘真福. 文学鉴赏中的未定点——人教版普通高中语文新教材探索[J]. 课程・教材・教法,1999(8):27.
② 鲁迅. 集外集拾遗・文艺的大众化[M]. 北京:人民文学出版社,1973:338.

包括字词知识(字音、词义)、语法知识(字、词、句的组合方式)、修辞知识(修辞格、表达方式)。语言文字作为第二信号系统,所指称的是具体的人、事、物、景等。所以,必须积累一定的生活知识和历史、地理、制度、礼俗等文化知识。只有积累了一定的语言文字知识和文化生活知识,才能初步读解文学作品。如读《诗经·伐檀》第一章:"坎坎伐檀兮,置之河之干兮。河水清且涟漪。不稼不穑,胡取禾三百廛兮?不狩不猎,胡瞻尔庭有县狟兮?彼君子兮,不素餐兮?"首先,穑(sè)、廛(chán)、县(xuán)、狟(huán)等字音要会读。坎坎(砍树声)、干(河岸)、稼(种植)、穑(收获)、廛(一亩半地)、尔(你)、县(通"悬")、彼(那)、素餐(白吃)等词义要能理解。"置之河之干兮"即"置之于河之干兮",这个省略句式要能懂。其他如知道伐檀、狩猎是怎么回事。这就告诉我们,必须扎实地学习古今汉语知识,广泛深入地体验生活,使语文生活化,生活语文化,"加强语文实践"[①],来完善自己的认知心理结构。

但是,文学作品不是实用文体,不是只用解释性语言说明某个事实,阐明某个道理,而是用描述性语言表达一定的思想感情,如感时花为之溅泪,恨别鸟为之惊心,白发三千丈,雪花大如席,依现实生活逻辑看,这是荒唐怪诞的,但这种文学语言却极富审美功用。因为"文学是运用语言媒介加以表现的审美意识形态。"[②]如果仅凭语言文字知识、文化生活知识,读出的只是《伐檀》的表层意思,而读不出深层意味,如伐檀坎坎声之悦耳,清河之涟漪可目,奴隶反讽之情可叹,又有隔句押韵、"兮"字收尾,长短对称的形式美、音乐感。可见,读解文学作品必须能对其内在的人、事、物、景及思想、感情、哲理等内容美与语言结构等形式美进行感知、理解、评析,也即审美。所以,必须构建审美心理结构。姚斯提出的"期待视野"就是由此而发的。他认为由几方面因素构成:"类型的先在理解""已经熟识作品的形式与主题""诗歌语言和实践语言的对立"[③]。这就告诉我们应注意以下三方面知识的学习。

(一) 对诗歌、散文、小说、戏剧、传记文学、报告文学、影视文学等各种文体的主要特征要能熟知与掌握。这样阅读时就会有选择地采用一定的方法去解读作品。如不能用读戏剧的方法去读朱自清的散文《背影》,不能用赏析诗歌的方法去读鲁迅的小说《阿Q正传》。也就是说,平时教学应让学生掌握一些文学理论知识(如文学作品、文

---

① 中华人民共和国教育部,制订.九年义务教育全日制初级中学语文教学大纲(试用修订版)[S].北京:人民教育出版社,2000:1.中华人民共和国教育部,制订.全日制普通高级中学语文教学大纲[S].北京:人民教育出版社,2002:1.
② 姚文放,主编.文学概论[M].南京:南京大学出版社,2000:53.
③ H·R·姚斯,R·C·霍拉勃.接受美学与接受理论[M].周宁,金元浦,译.沈阳:辽宁人民出版社,1987:28.

学创作、文学鉴赏、文学批评等知识)。如高中《语文》新教材第三至第六册主要是文学作品,可在作品教学前让学生熟读《中国文学鉴赏》(袁行霈)、《谈读诗与趣味的培养》(朱光潜)、《散文的艺术魅力》(佘树森)、《现当代小说鉴赏》(杨义)、《古代小说鉴赏》(吴小如)及《现当代戏剧鉴赏》《古代戏剧鉴赏》《中国艺术中的虚与实》(宗白华)等知识短文——有的课文就是谈文学阅读的,如第五册的《重新创造的艺术天地》(谢冕)、第六册的《文学与语言》(王力)等——也可选修文学鉴赏常识、戏剧影视欣赏与评论、美学常识等课程。

(二)对某一类作家及其作品或某一类作品的内涵、形式包括题材、情节、主题等充分了解,就需要一定的文学史知识。《全日制普通高级中学语文教学大纲》中也强调,要"了解课文涉及的重要作家作品知识,了解中国文学发展简况。"[1]新教材第四册也附录了《中国古代文学概述》(方智范)和《20世纪中国文学概述》(殷国明)。第五册有《我国古代小说的发展及其规律》(吴组缃)、《孟子简介》(罗宗强)、《唐诗简介》(郭预衡)、《鲁迅的生平和创作》(王富仁)、《西方现代主义戏剧简介》等。另外,还可选修《文史常识》等课程。需要指出的是教材中仍有不少外国文学作品,所以也应多介绍相关的外国文学简史。因为任何一部作品都是处于一定的时空之中,具备一定的文学史知识即建立了一个参照系。

(三)掌握一些文学创作知识。因为不同文体的创作有其不同的规律,把握这些特殊的规律有助于认识作品。正如古人讲的,"操千曲而后晓声,观千剑而后识器"[2]。虽然《全日制普通高级中学语文教学大纲》没有要求学生进行文学作品创作(2003年5月颁布的普通高中《语文课程标准》有诗歌、散文、小说、戏剧、传记等文学作品写作的要求),但近些年高考作文规定文体不限或文体自选,即可写成诗歌、散文、小说、戏剧等,所以平时不能只要求学生写作记叙文、议论文、说明文、应用文等实用文体,因为熟悉文学创作,更能把握作者的匠心,有利于文学鉴赏。

因为只有具备以上三点才能真正认识到文学作品的内在美和外在美。这三方面的知识形成"一种既定的先构成的期待视野⋯⋯它可以导引读者的(大众)理解,造成全面的接受。"[3]

---

[1] 中华人民共和国教育部,制订.全日制普通高级中学语文教学大纲[S].北京:人民教育出版社,2002:3.
[2] 刘勰.文心雕龙·知音[M].北京:中华书局,1985:66.
[3] H·R·姚斯,R·C·霍拉勃.接受美学与接受理论[M].周宁,金元浦,译.沈阳:辽宁人民出版社,1987:100.

二、中学生文学阅读鉴赏能力的培养

认知心理结构、审美心理结构所构成的框架完善与否,将决定文学阅读鉴赏能力的高低。如读《西游记》,小孩读出的是八十一难的惊险、孙悟空的神通等,而专家读出的是情节模式的变幻莫测、人物塑造时神、人、物三性合一的高妙新奇。正如托·斯·艾略特所说的,"头脑最简单的人可以看到情节,较有思想的人可以看到性格和性格冲突,文学知识较丰富的人可以看到词语的表达方法,对音乐较敏感的人可以看到节奏,那些具有更高的理解力和敏感性的听众则可以发现某种逐渐揭示出来的含义。"[①]文学阅读鉴赏就是读者以自己的内存图式与文本(作品)图式进行比较,或同化(把刺激纳入已有的图式之内,使其成为自身一部分),或顺化(遇到不能用原有的图式来同化新刺激时,便对原有图式加以修改或重复以求适应)。

姚斯认为,既定的期待视野与新文学作品之间存在一个审美距离。每次对新作品的接受,都会否定先前的接受经验,并由新经验再产生新的接受意识,这就造成了"视野的变化"。"新的本文唤起了读者(听众)的期待视野和由先前本文所形成的准则,而这一期待视野和这一准则则处在不断变化、修正、改变,甚至再生产之中。"[②]皮亚杰倡导的发生认识论也认为,就一般而言,个体每遇到新刺激时,总是试图以原来图式去同化,若获得成功,便产生愉悦,而得到暂时的平衡。如果原有的图式无法同化刺激,个体便会作出顺化(顺应),即调节原有图式或重建新图式,直到达到认识上的新的平衡[③]。对文学作品的内容形式、思想、感情等方面的认识只有在同化与顺化、暂时平衡与新的平衡交替过程中逐步深化。相应地,读者的内在图式(期待视野)不断调整、重组,日臻完善,鉴赏水平也将逐步提高。

那么什么样的文本图式才能使读者的内在图式(期待视野)产生变化呢?姚斯指出,"期待视野与作品间的距离,熟识的先在审美经验与新作品的接受所需求的'视野的变化'之间的距离,决定着文学作品的艺术特性。"[④]反过来说,文学作品的艺术性越高,越能加大期待视野与文学作品之间的审美距离,越有利于内在图式的重组与完善,越能提高鉴赏水平。而"通俗或娱乐艺术作品的特点是,这种接受美学不需要视野的

---

① 韦克勒,沃伦.文学理论[M].刘象愚,等,译.北京:生活·读书·新知三联书店,1984:278—279.
② H·R·姚斯,R·C·霍拉勃.接受美学与接受理论[M].周宁,金元浦,译.沈阳:辽宁人民出版社,1987:29.
③ 施良方.学习论[M].北京:人民教育出版社,1994:172—176.
④ H·R·姚斯,R·C·霍拉勃.接受美学与接受理论[M].周宁,金元浦,译.沈阳:辽宁人民出版社,1987:31.

任何变化,根据流行的趣味标准,实现人们的期待。"①可见,阅读言情、武侠之类的通俗娱乐作品是难以提高鉴赏水平的,必须经常、反复阅读经典名著,才能提高文学鉴赏水平。"当先前成功作品的读者经验已经过时,失去了可欣赏性,新期待视野已经达到了更为普遍的交流时,才具备了改变审美标准的力量。"②所以,歌德说:"鉴赏力不是靠观赏中等作品,而是要靠观赏最好作品才能培育成的。"③

平时进行文学教学,不能仅把课本当书本,要让学生将课本与《语文读本》结合起来学习,更要自读《九年义务教育全日制初级中学语文教学大纲》中规定的"古诗文背诵篇目"(文言文20篇,古诗词50首)、"课外阅读推荐书目"(古今中外名著10部)④。还要阅读《全日制普通高级中学高中语文教学大纲》中规定的"古诗文背诵篇目"(古文10篇,诗词曲30首)及"关于课外读物建议"中所列的数十部古今中外名著⑤,甚至更多的经典作品。

总之,只有引导学生广泛深入地积累语文知识、生活知识和文学审美知识,大量反复地阅读经典作品,建立和完善认知心理结构和审美心理结构,才能在期待视野的形成变化中逐步培养起文学阅读能力,提高其鉴赏水平。

---

① H·R·姚斯,R·C·霍拉勃.接受美学与接受理论[M].周宁,金元浦,译.沈阳:辽宁人民出版社,1987:32.
② H·R·姚斯,R·C·霍拉勃.接受美学与接受理论[M].周宁,金元浦,译.沈阳:辽宁人民出版社,1987:33.
③ 爱克曼.歌德谈话录[M].朱光潜,译.北京:人民文学出版社,1978:31.著名美学家朱光潜在《文学上的低级趣味》(见王运熙,主编.张新,编著.中国文论选·现代卷(下)[G].南京:江苏文艺出版社,1996:406—412)一文中将存在低级趣味的文学归纳为如下五种:1.仅靠"悬揣与突惊"提供乐趣,而无具体的情境、生动的人物和深刻的情致的侦探故事;2.只写人生的某种特殊情绪,如男女失恋、爱情美满等人之"常情",而不创造意象世界,以给人带来美感的"色情描写";3.只揭露社会黑暗,而不于最困逆的情境见于人的尊严,于黑暗的方面反映出世相的壮丽的未经艺术点染的"黑幕描写";4."连篇累牍尽是月露风云",堆砌美的题材而无真的情感的那些风花雪月的情调;5.只重充当道德训诫、政治宣传的"差役",不重读者是否接受的口号教条。朱光潜在《谈读诗与趣味的培养》(高中《语文》第一册)[M].北京:人民教育出版社,2003:28)中说:"艺术和欣赏艺术的趣味都与滥调是死对头""要养成纯正的文学趣味,我们最好从读诗入手。能欣赏诗,自然能欣赏小说、戏剧及其他种类文学。""一个人不喜欢诗,何以文学趣味就低下呢?因为一切纯文学都要有诗的特质。一部好小说或一部好戏剧都要当作一首诗看"。我想,诗一般以鲜活的意象的排列组合营造一个情感流动的世界,以精约的语言来创造丰富意蕴,即存在众多未定性、空白点的文学样式,其他类文学作品如果其中具有诗的这种特质,必然会给人带来审美的愉悦、情感的共鸣和创造的乐趣。
④ 中华人民共和国教育部,制订.九年义务教育全日制初级中学语文教学大纲(试用修订版)[S].北京:人民教育出版社,2000:7—11.
⑤ 中华人民共和国教育部,制订.全日制普通高级中学语文教学大纲[S].北京:人民教育出版社,2002:9—12.

第二章

从接受美学看中学文学教学目标的设定

教学目标是教学过程实施、教学结果评价的一个重要依据。长期以来,有关教学目标的研究对认知领域较深入,对情感领域涉及不多,对审美领域几乎是空白。要整体提高学生的语文素养,必须明确情感目标和审美目标,所以《全日制普通高级中学语文教学大纲》特别强调,要"重视积累、感悟、熏陶和语感的培养"[①]。文学是渗透着感情的艺术,是运用语言媒介加以表现的审美意识形态。然而,在《全日制普通高级中学语文教学大纲》中只有"在教学过程中,要进一步培养学生热爱祖国语言文字、热爱中华民族优秀文化的感情,培养社会主义思想道德和爱国主义精神,培养高尚的审美情趣和一定的审美能力;引导学生关心当代文化生活,尊重多样文化,提高文化品位;满足不同学生的学习需求,发展健康个性,形成健全人格"及"理解作者的思想、观点和感情"的宽泛规定[②],而未见情感、审美领域的具体指标。教学目标可以分为课程目标(整门学科)和课堂目标(单篇课文)。目前,课程目标(整门学科)和课堂目标(单篇课文)都存在分类简单化的问题,另外课堂目标(单篇课文)还存在强调划一性的问题。

---

① 中华人民共和国教育部,制订. 全日制普通高级中学语文教学大纲[S]. 北京:人民教育出版社,2002:5.
② 中华人民共和国教育部,制订. 全日制普通高级中学语文教学大纲[S]. 北京:人民教育出版社,2002:2.

一、中学文学教学目标的分类及存在的问题

下面,先对文学阅读教学的课程目标作简单分类。认知领域的目标主要依据高中语文《全日制普通高级中学语文教学大纲》的有关规定,情感领域和审美领域的目标则借鉴区培民老师(2001年)的研究成果[①]。

（一）认知目标

1. 识记

（1）了解课文涉及的重要作家、作品(含各种文体知识)。

（2）了解中国文学(含部分外国文学)的发展简况。

2. 理解

（1）感受文学形象。

（2）整体把握作品的内容,理清思路,概括要点。

（3）理解作品中的思想观点和情感。

（4）品味文学作品的语言和艺术技巧的表现力。

3. 运用

（1）运用不同的规则鉴赏不同体裁的文学作品。

（2）写作赏析文字或研究性小论文。

4. 评价

（1）评价文学作品内容形式的优缺点。

（2）对文学作品进行阐发、质疑。

（3）对文学作品提出自己独到的见解。

（二）情感目标

1. 接受(感受)

（1）能欣赏名言佳句、精彩的章节,对文章所阐述的思想有同感。

（2）阅读中能进入作品所描述的情景,并触发情意性向,有进一步品味体验的愿望。

（3）能按教师的要求阅读课文,口头或书面答问。

（4）能有目的地预习。

[①] 区培民.语文教师课堂行为系统论析[M].上海:华东师范大学出版社,2001:190、201.

2. 反应(情绪反应)

(1) 从文章的哲理美、形象美、结构美、语言美等方面获得美的愉悦和满足。

(2) 有意无意地模仿情节中角色的言行及文章的写作特色。

(3) 希望进一步了解有关的知识及相关的评价。

(4) 能产生阅读共鸣。

3. 价值倾向(意志)

(1) 对课文中所描述对象的正误、是非、美丑的鉴别。

(2) 对课文所显示的真理、正义以及人物的美好心灵、崇高信念等产生某种价值感和信仰。

4. 品格形成

(1) 能根据自己的价值标准,对课文作出各种情感反应。

(2) 能把某个人物形象、生活哲理等内化成为生活的偶像与准则。

(三) 审美目标

(1) 对审美因素饱满的字、词、句作渗透在情绪、情感中的非纯理性的审美理解,并用语言或文字表述之。

(2) 具备对课文各种美的表现形态进行说明的知识。

(3) 能初步区分课文的不同审美类型。

(4) 对课外读物及影视作品作出正确择别。

(5) 将课文的形象、意境等通过想象、联想、描摹转变为比文本更为丰富广阔的审美情境,进行创造性阅读。

(6) 写作具有一定美感体验和审美理想的"情境文""影评""文学评论"等。

认知、情感、审美在具体阅读过程中并非逐一发生,往往相互交融。如审美体验常伴随情感的愉悦,情感的产生也离不开认知的成分。情感、审美又往往是认知深入的外在动力。上述三种目标在分类上也有交叉重合的地方,但不能因为难分难解就不分不解,问题的解决要靠更多的语文工作者长期深入地研究。尤其这两年认知心理学界在对内隐学习进行研究,我想这个问题最终会得到解决的。

课堂教学目标是课程教学目标的具体化。传统的课堂教学目标设计存在两个问题。

一是分类简单化。

和课程教学目标一样,注重认知,稍涉情感,不涉审美。可参照前文述及的课程教学目标,结合单元教学要求、作品的不同特点和学生自身情况来设计。如《雷雨(节选)》(人教版高中《语文》第四册)可作如下设计。

1. 认知目标

（1）了解一些曹禺的生平、创作及《雷雨》产生、流传情况。

（2）了解现代话剧简史及话剧的剧本特点。

（3）从整体上弄清人物关系和剧情发展。

（4）理解剧本通过回忆、对白把三十年不同地点、众多人事置放在周公馆的一天来处理所构筑的情节结构；在不断发展的矛盾冲突中通过富有个性化兼具动作性又常含深意的人物语言(台词)来反映人物性格；情景交融的舞台说明；尖锐多向的矛盾冲突。

（5）能通过口头表述或写作研究性的小论文的形式对剧本的主题、人物进行评价、阐发，甚至能提出自己独到的见解。

2. 情感目标

（1）读课文后能产生阅读全剧的兴趣、课后排练成戏的愿望，有意模仿剧本的写作特点。

（2）在阅读中获得愉悦、满足，能对剧中人物命运产生共鸣。

（3）能联系自己的标准和现实生活，对剧中的人、事等作价值判断。

3. 审美目标

（1）能通过自己的生活积累、阅读积累，在阅读时通过想象、联想创造出比剧本更丰富、广阔的审美意境。

（2）对剧本的悲剧美、人物美、结构美(符合三一律)、语言美(如潜台词)进行说明。

目标细化确实费时、费力，但可减少仅凭经验、感觉教学所产生的随意性、盲目性。学生是否达到所设置的情感、审美目标确实难以观察、测量，但教师可以通过与学生的感情交流、对话和分析学生的习作等方式来了解学生的内在体验已达到何种程度。

二是强调划一性。

"许多国家在阅读教学目标中都提出应当重视学生对读物的反应、鉴别、批评和评价；自觉地通过阅读去参与社会，参与大众交际。相比之下，我国的阅读教学目标则是更多地集中在要求学生对于读物客体的精确理解和背诵积累上。"[1]因为我们往往无视文学文本的未定性和学生理解的差异性，而其他国家，如美国的"语文学科阅读教学目

---

[1] 倪文锦,欧阳汝颖,主编.语文教育展望[M].上海：华东师范大学出版社,2002：285.

标"就强调"学生以自己的反应和读物的文学特点为基础,用批判的眼光去评价文学作品。"①下面,将作具体分析。

二、中学文学教学目标的确定

我们将以接受美学的观点对此作一一分析。接受美学家伊瑟尔说:"本文的结构和读者对结构的理解活动便成为交流活动的两极。"②本文结构的未定性、规定性与读者理解的差异性、共同性造成读解结果的多样性与一致性。

(一)多样性

如前所述,文学作品是一个由不同层次和维面构成的"召唤结构",其中的语义、句法、结构、意境等存在的未定性和空白点星罗棋布,给读者预留了多处想象和联想的空间。而读者的情况又千差万别:认知结构的完善与否造成认知水平的高与低("少年读书,如隙中窥月;中年读书,如庭中望月;老年读书,如台中玩月",见张潮《幽梦影》;黄庭坚跋陶潜诗云:"血气方刚时,读此诗如嚼枯木,及绵历世事,知决定无所用智",见《陶渊明集评议》);气质有多血质、胆质汁、黏液质、抑郁质之分("慷慨者逆声而击节,酝藉者见密而高蹈,浮慧者观绮而跃心,爱奇者闻诡而惊听",见《文心雕龙·知音》);性格有内倾型、外倾型之分,造成阅读态度有消遣型、实用型、审美批判型之别("红袖添香夜读书";"书中自有千钟粟",见宋真宗《读书乐》;"读书足以怡情",见培根《谈读书》);阅读方式有精读、略读之别(陶潜的"不求甚解",徐庶的"务于精熟",见邓拓《燕山夜话》);时节、环境的不同也造成阅读心境的不同("读经宜冬,其神专也;读史宜夏,其时久也;读诸子宜秋,其致别也;读诸集宜春,其机畅也。"见张潮《幽梦影》);还有民族、时代的种种差别,这样在确定未定、填补空白时就产生了见仁见智、歧义百出的现象。虽时有曲解、误解,也不乏新见、创见。

所以,容易给人造成错觉,把接受美学等同于"一千个读者有一千个哈姆雷特","仁者见之谓仁,智者见之谓智",读解随之成了脱离文本的玄思臆想。把接受美学引入中学文学教学,那么课堂就成了沙龙,教学成了"放羊"。这是不正确的,接受美学强调对文本再创造,不是凭空捏造;强调读者的主观能动性,不是主观随意性。"本文的相对不确定性允许本文的实现有一定的选择范围。然而,这并不是说理解是随意性

---

① 倪文锦,欧阳汝颖,主编.语文教育展望[M].上海:华东师范大学出版社,2002:284.
② 沃尔夫冈·伊瑟尔.阅读活动——审美反应理论[M].金元浦,周宁,译.北京:中国社会科学出版社,1991:127.

的,确定性与不确定性的交织决定了本文与读者间的相互作用关系,这种双向生成过程绝非随意性的。"[1]接受美学并不忽视一致性。

(二) 一致性

一方面,文本的内容、形式存在着规定性。词语的直指义是明确的,"三"不会变成"四","水"不会被想象成"火"。即使词义是多指的,如"人",但在"人来了""来人了""他还没成人""他不是人"这些语境的限制中,也是相对明确的。另外,文本中的人、事、物、景,也是相对稳定的。如《祝福》(人民教育出版社,高中《语文》第四册)中的鲁镇不会变成上海,祥林嫂不会变成子君,祥林嫂丧夫失子,不会变成儿女绕膝。文本的形式,如诗歌、散文、小说、戏剧,也都有既定的创作规律和特有的艺术手法。"文学本文的意义只能在阅读主体中实现,而不是完全取决于读者"[2],文本的规定性,尤其是文本的意向和文本的结构也严格地制约着接受活动,以使读者不至于脱离文本而对文本随意作出阐释,"读者被置于事件之中,在含蓄处寻找不言之意,已言之物表现为作为未言之物参照系的意味。"[3]可见,阅读以尊重文本为前提,在文本的引导与控制之下,发掘未尽之意,联想未写之物。

另一方面,读者虽千差万别,也常心理攸同。共同的民族文化心理积淀、生活和阅读经验积累、受教育程度,造成认知水平、审美水平、阅读态度、阅读方式共同的一面。这被另一位研究读者理论的美国读者反应批评家费什称为"解释团体"[4]。他认为具有一个社会化的公共理解系统制约着读者的理解。接受美学家姚斯更是提出了历史理解的主张,他说:"就当代读者而言,《烦厌》一诗可以满足何种期待,否定何种期待?本文可能与之发生联系的文学传统是什么?历史、社会条件是什么?作者本人是如何理解这首诗的?第一次接受赋予这首诗的意义是什么?在今后的接受史中,其中哪一种意义被具体化了?"[5]易而言之,读者的理解、解释要参照已阅的作品、传统的作品、创作背景、作者本意、不同时代的不同读者及同一时代的不同读者的读解成果等。可见,接受美学不完全否定作者中心主义发掘作者本意、复现历史原貌,也不完全否定文本中心主义专注文本内容与形式的分析,而是更强调一致性下的多样性。把接受美学引入文学教育,是引导学生在一致性理解的基础上进行创造性理解。

---

[1] 沃尔夫冈·伊瑟尔.阅读活动——审美反应理论[M].金元浦,周宁,译.北京:中国社会科学出版社,1991:32.
[2] 沃尔夫冈·伊瑟尔.阅读活动——审美反应理论[M].金元浦,周宁,译.北京:中国社会科学出版社,1991:181.
[3] 沃尔夫冈·伊瑟尔.阅读活动——审美反应理论[M].金元浦,周宁,译.北京:中国社会科学出版社,1991:202.
[4] 斯坦利·费什.读者反应批评:理论与实践[M].文楚安,译.北京:中国社会科学出版社,1998:5.
[5] H·R·姚斯,R·C·霍拉勃.接受美学与接受理论[M].周宁,金元浦,译.沈阳:辽宁人民出版社,1987:211—212.

综上可知，教师备课在确定教学目标时，既要结合教学大纲、课程标准、单元要求、学生情况，并根据作品的规定性、理解的一致性来确定，又要充分估计作品的未定性、理解的差异性，因为后者有利于创造性理解，有利于课堂气氛活跃。这样在具体实施教学任务、组织教学进程时，便于教师有意识地进行激励与监控、点拨与归纳。如《雷雨》(人民教育出版社，高中《语文》第四册)，通过回忆、对白把三十年不同地点、众多人事置放在周公馆的一天来处理以构筑紧凑集中的情节结构；通过富有个性化兼有动作性又常含深意的人物语言(台词)来反映人物性格；极具诗意氛围的舞台说明，尖锐多向的矛盾冲突，这些是既定的，学生之间的理解大致不谬。但是，主题是反封建主义，还是反资本主义，还是反抗命运；人物如周朴园是冷酷、虚伪、残忍、奸诈，还是真情、恋旧、有才干、有魅力；事件如周朴园与侍萍 30 年前的同居是真爱还是玩弄，30 年来的怀念是真诚还是伪善或二者兼有，30 年后的绝情是出于自私还是被逼无奈；这些是未定的，学生的理解可能差别很大。从这两方面入手来确定教学目标，既关注了学生的共性，又激活了学生的个性。学生在课堂上，既学到了知识、提高了能力，又开拓了思维、产生了兴趣。这样无论是教还是学，都做到了既实又活。

总之，文学阅读教学目标应从认知、情感、审美三方面进行分类，在设定时又要做到实与活的统一。

第三章

从接受美学看中学文学教材的选材编写

人民教育出版社编辑刘真福曾慨叹:"文学鉴赏一直是语文教学和语文教材的最大的难点(甚至是盲点)之一。"① 如果将人民教育出版社于2000年3月之后版(以下简称"新教材")与1990年10月版(以下简称"老教材")的高中《语文》教材比较一下,会发现新教材有两个显著特点:1. 文学作品比例加大,经典占多。2. 文学作品之前的提示语简化,之后的思考题多向化(2003年6月经修订后出版的必修教材则完全取消了"阅读提示")。现以接受美学的理论来对比分析其优劣得失。

一、中学文学教材的选材

接受美学家伊瑟尔说:"解释性本文无论何时都是在阐明一种论点或传播某一信息。"② 它关涉某一既定的客体,"这一表达形式便可以得到预期的精确性。"③ 即其语言的内涵明晰精确。而在"虚构本文中,这一关联性则被趋向于丰富多彩形态的空白所打破。它开放了不断增加的多种可能性。"④ 即其语言是含蓄多指的。解释性本文指记叙文、议论文、说明文、应用文等实用文本,虚构性本文指诗歌、小说、散文、戏剧等文学

---

① 刘真福. 文学鉴赏中的未定点——人教版普通高中语文新教材探索[J]. 课程·教材·教法. 1999(8):27.
② 沃尔夫冈·伊瑟尔. 阅读活动——审美反应理论[M]. 金元浦,周宁,译. 北京:中国社会科学出版社,1991:222.
③ 沃尔夫冈·伊瑟尔. 阅读活动——审美反应理论[M]. 金元浦,周宁,译. 北京:中国社会科学出版社,1991:222.
④ 沃尔夫冈·伊瑟尔. 阅读活动——审美反应理论[M]. 金元浦,周宁,译. 北京:中国社会科学出版社,1991:222.

文本。这一语言特点使得文学文本成为一个充满未定性和空白点的"召唤结构"。"作品的未定性与意义空白促使读者去寻找作品的意义,从而赋予他参与作品意义构成的权利"①,与作品展开交流和对话。读者因作品的召唤而积极主动地去阅读、探究,也可能在填补空白、确定未定时,在提问、沉思、接受、否定时,在感知、理解、阐发、评价时,见人未见,发人未发。而实用文本不具备这种功能。所以要扭转阅读教学中学生被动接受的局面,确立学生的主体地位,激发其创新精神,必须增加文学文本的比例。另外,如前所述,文学文本能陶冶情操、塑造人格,有利于培养学生的审美能力,发展健康的个性。同时在阅读文学作品时,学生须积极运用形象思维、逻辑思维等思维形式,又有利于学生智力的发展等。从这些角度考虑也应加大文学文本的比例。老教材总计37个单元,在现代文中,实用文体有17个单元,约占46%;文学文本有10单元,约占26%(见老教材"说明")。新教材中,实用文本的数量明显减少,即使是实用文本也不同程度地关注其文学色彩,如《杜鹃枝上杜鹃啼》为科学小品,《咬文嚼字》为文艺论文等等,做到了"文质兼美"。相反,文学文本的比例明显加大,高二全部是文学文本,高三有2/3是文学文本,约占课文总数的60%(见新教材"说明")。这种变动不仅仅是因为近几年中学教材因实用文体过多而受到社会各界的指斥,更主要的是文学文本更符合阅读教学的规律,更有利于学生健全地发展。

那么,选择什么样的文学文本才适合学生阅读,让他们与之进行有意义的交流和对话呢?接受美学家姚斯认为:"假如人们把既定期待视野与新作品出现之间的不一致描绘成审美距离,那么新作品的接受就可以通过对熟悉经验的否定或通过把新经验提高到意识层次,造成'视野的变化',然后,这种审美距离又可以根据读者反应与批评家的判断(自发的成功、拒绝或振动,零散的赞同,逐渐的或滞后的理解)历史性地对象化。"②学界一般认为文本与读者之间的审美距离可分为四种:

(一)文本远低于读者(此处指中学生,下同)水平。这类文本内容肤浅,形式俗套,如童话、民歌诗等。

(二)文本远高于读者水平,这类

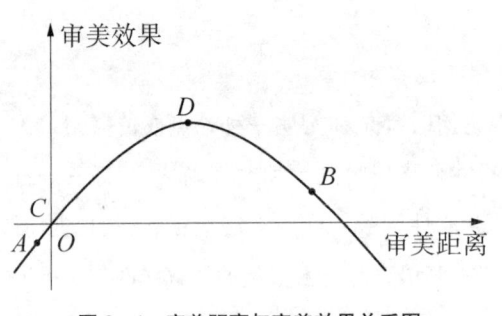

图3-1 审美距离与审美效果关系图

---

① 沃尔夫冈·伊瑟尔.本文的召唤结构[M].济南:山东教育出版社,1998:43.
② H·R·姚斯,R·C·霍拉勃.接受美学与接受理论[M].周宁,金元浦,译.沈阳:辽宁人民出版社,1987:31.

文本内容深奥、形式怪诞,如玄言朦胧诗歌、意识流小说等。

(三)文本平行于读者水平。这类文本内容为流行主题,形式用习见的技巧。如当下的武侠、言情、反腐、反恐等作品。

(四)文本略高于读者水平。这类文本内涵丰富、形式别致,读者既熟悉又陌生,如一些经典名篇。

从上图可见,文本与读者的审美距离过小、过大、重合,都要么无法使读者与之进行有意义地交流、对话,要么仅供消遣取悦,毫无审美效果,因为"读者意识的参与是有限度的。如果本文的构成之物过于清晰,使读者殆无想象之余地,或其构成之物过于晦涩,使读者根本无从想象,这两种情况都无法使阅读活动中的双方达成完善的交融。或者是文如白水,阅读无余味可言;或者是跳跃过大,读者极度紧张,这正是阅读活动中读者所不堪忍受的两极。显然,本文的这两种情形很难使读者作出满意的选择。"①这些都不能改变期待视野,不利于阅读能力的提高。只有第四种文本,可激发学生的阅读兴趣,唤起创造激情,通过自己的读解和教师的指点,改变期待视野,提高阅读能力。所以应考虑学生的认知水平、审美水平选择难易适中的经典名篇作为课文。可见,撇开思想教育不谈,单从阅读、审美角度看老教材选入一批时文是不恰当的,新教材中深奥的《逍遥游》(2001年10月版时已将其由第一册调至第四册,代之以《秋水》)、晦暗的《锦瑟》只适合大学生研读。

二、中学文学教材的编写

老教材每篇课文前有详尽的"预习提示""自读提示"。以《项链》为例,有玛蒂尔德虚荣性格和心理活动的描写的分析并涉及主旨,有对故事情节发展的概括并涉及主体构思与结尾安排的精巧等,总计256字。再加上教师要求学生课前仔细阅读"提示",而且一开始上课就介绍作者生平、创作背景(有些在课文的"提示"和"注释"中已作了详尽交代),这样作品这个"召唤结构"就成了"拒斥结构","有意味的形式"就成了"寡味的形式"。阅读成了"对号入座""按图索骥",学生也随之失去了探究的兴趣,无法享受创造的愉悦,只是迫于考试的压力、教师的威严而被动地阅读,这是无法真正进入文本的。因为读者与文本的交流成了"虚假偶然性","当双方彼此已十分了解'行为方式',以至二者对对方可能有的反响和产生的结果都能准确地预言时,我们便看到一种

---

① 沃尔夫冈·伊瑟尔.阅读活动——审美反应理论[M].金元浦,周宁,译.北京:中国社会科学出版社,1991:128—129.

虚假的偶然性,在这种情况下,双方的行为就象是一场排练好的戏,届时不过是通过这一仪式消除偶然性罢了。"①所以,伊瑟尔强调"本文与读者间的不对称性"②。

　　老教材的编写方式恰恰是追求对称,从而造成课文与学生之间的审美距离为零,这样学生无须调整、重组自己的认识心理结构和审美心理结构,新的期待视野无法形成,阅读能力也难以提高。学生接受的只是"提示"和教师所告诉的有关文本内容与形式的知识。2000年后出版的语文教材(高中《语文》第四册)对《项链》只有80字的提示:"莫泊桑被誉为19世纪世界短篇小说巨匠。本文是他的代表作之一,写的是一个平凡妇女生活中的悲喜剧。欣赏这篇小说,要注意把握它的人物形象,体会精巧的构思和深刻、细腻的心理描写"。这样既显简约化又有启发性,从而造成"本文与读者间不对称性",使得学生急切地想知道哪个女人的什么悲剧,是谁造成的,这个人物有什么特点,小说构思精巧在何处,深刻细腻的心理描写是如何进行的。学生通过再生想象、创造想象,通过接近、类比、对比、因果等联想方式,复现作者笔下的人、事、物、景,并结合自己的生活和阅读经验对作品中的空白点和未定性予以填补、具体化,或重组作品材料,或否定作者意旨。学生们的各抒己见,不仅挖掘、丰富了文本的内涵,而且能超越文本,见人(包括作者、教师)之未见,发人之未发。

　　"一部文学作品,并不是一个自身独立、向每一时代的每一读者均提供同样的观点的客体。……它更多地像一部管弦乐谱,在其演奏中不断获得读者新的反响。"③因此作品本身不可能存在,阅读时也不可能得出唯一结论。一部作品,不同时代、不同民族的读者的阅读,同一时代、同一民族的读者的阅读结果往往是歧义百出、异彩纷呈。如果习题是封闭、单向的,就会像王荣生对初中《语文》中《天上的街市》的课后的"理解分析"题那样,"教材的编撰者似乎是将学生和教师设定为需要去完成某些指定任务的'作业者','阅读'的要点不在学生对诗歌本身的解读和反应,而在于'为什么'的推求和'理由'的抽象陈述。而这些要学生'思考'的题目,相信在正常的阅读和欣赏状态下是不会自然产生的。"④例如,玛蒂尔德是虚荣,还是自尊?其悲剧是社会造成,是命运造成,还是性格造成的?得知项链是假的以后,可能出现哪些情节?所以课后思考题的设置应是开放的、多向的,从而能启发思考。新教材就采用了这种方式:

　　二　全班讨论玛蒂尔德形象,下边几种看法仅供参考。

---

① 沃尔夫冈·伊瑟尔.阅读活动——审美反应理论[M].金元浦,周宁,译.北京:中国社会科学出版社,1991:196.
② 沃尔夫冈·伊瑟尔.阅读活动——审美反应理论[M].金元浦,周宁,译.北京:中国社会科学出版社,1991:195.
③ H·R·姚斯,R·C·霍拉勃.接受美学与接受理论[M].周宁,金元浦,译.沈阳:辽宁人民出版社,1987:26.
④ 王荣生.语文科课程论基础[M].上海:上海教育出版社,2003:186.

1. 她是一个被资产阶级虚荣心所腐蚀而导致丧失青春的悲剧形象。

2. 对于发生在自己身上的戏剧性变化无能为力,只能听任摆布的宿命论形象。

3. 她是一个由虚荣心导致错位到由诚实劳动导致复位并最终找到自我的女性,是一个变得很美好很可爱的女性形象。

四 下边两题中任选一题,根据题意自拟题目,写两三百字。

1. 得知项链是假的以后,玛蒂尔德会有什么表现?注意心理描写。

2. 假如项链没有丢掉,或者丢了以后立即得知项链是假的,玛蒂尔德的结局将会怎样?

又如,人民教育出版社2003年6月版高一《语文》对《荷塘月色》这篇颇有争议的经典的课后练习是这样设置的:

一 讨论:对于本文中的"我",应该怎样认识?下边两种看法供参考。

1. 作者作为一个追求进步的知识分子,面对当时的社会现实,思想是矛盾复杂的。反映在这篇课文中,既有淡淡的哀愁,也有难得偷来片刻逍遥的淡淡的喜悦。

2. 作者在课文中自塑的形象,是一位平凡的丈夫和拘谨的教师。从文章中可以看出作者心地温厚,个性平和,处事谨慎,有所追求又"放不开"。

二 找出课文中的比喻句,填写表格,并回答问题。

略

2. 对这些比喻,一般认为自然优美,有表现力。也有人认为,取材狭窄,阴柔、浮泛,过于直露,缺乏想像力。你的看法呢?与同学们交流一下。

当然,新教材的编写并非尽善尽美。如《祝福》(高中第四册)前的提示:"一个善良、勤劳的农村妇女,被冷漠的社会剥夺了做人和生的权利。这样的悲剧说明了什么?给你带来怎样的震动?"祥林嫂的悲剧仅仅是社会造成的吗?鲁四老爷的斥责,柳妈的嘲笑,"我"的支吾,自己的愚昧,饥寒交迫,多种因素造成了她的死,不能限定为冷漠的社会。也可将多种观点编写进课后思考题,供学生讨论。新的《教师用书》几乎每一课都罗列了不同观点,提供了多篇读解文字。教师应充分发挥《教师用书》的参考作用。

可见,按接受美学的理论看,新教材的选文、编写优点显著,但也有待改进。

他山之石,可以攻玉。在比较完新老教材之后,再看接受美学的发源地——德国的语文教材是怎样编写的。兹录如下[①]。

[①] 中外母语教材比较研究课题组,编. 中外母语教材选粹[G],南京:江苏教育出版社,2000:342—347.

马戏团——无所不能的世界

你读过盖特·罗施茨的小说《分币痣》吗？书中讲叙了一个特别的马戏团的故事。马戏团本是一个无所不能的世界，这本书也不例外，它可以为我们提供无数个叙述和表演的机会。右栏是书的一个选段："小丑的喊叫"。我们为段落编了序号，感兴趣的同学可以阅读全书。左栏有阅读提示和练习，为了启发和引导你发挥想象，按照自己的方式阅读和讲述这个故事。（编排方式作了调整，小说《分币痣》选段："小丑的喊叫"放在上，"导读和练习"放在各段的下面——引者）

表 3-1

课　　文	导读和练习
1. 汤姆·考尔特拥有世界上最大的马戏团。他演出的足迹遍及大西洋两岸。著名杂技演员们纷纷加盟登场。汤姆本人无疑是他们中的佼佼者。	1. 故事开头就是一个名字 Tom Courtey（汤姆·考尔特）。你会正确读出来吗？看到这个名字能联想到什么？请给这个人物画一幅肖像或勾勒一幅侧面像。画好后就对他进行人物描写（注意不要让别人听见）。然后相互介绍练习结果，并讨论一下，什么样的人物形象（包括语言）更符合原著精神。
2. 每天都有不少演员向汤姆提问求教，诸如：空中斤斗如何做得更精彩，是伸腿还是曲腿？高空钢丝倒立怎样做得既惊险又潇洒？怎样才能让飞刀在空中划弧但又能命中目标？	2. 也许汤姆是个风趣的人，爱卖关子，比如他会请前来求教的人首先描述一下自己的设想，他可能说："好啊，亲爱的倒立先生，您能不能先讲一讲，正常情况下高空钢丝倒立是怎么做的，然后我才能助你一臂之力，当然，我是说提供咨询……"请你与团长考尔特直接对话，和他讨论空中斤斗、高空钢丝倒立和飞刀等表演项目。
3. 汤姆给他们一一示范，他们向他模仿。有时候他觉得，他们在利用他，以便学到他的演技。但有时候他又觉得，他们可能以为团长在利用他们扩大自己的名声，因为不管怎么说，公众的认可毕竟是属于他一人的。确实，北到欧洲北部，南达非洲南部，他的英名谁人不知，谁人不晓。国王们纷纷请他演出，女人们纷纷贴到他身边。那时的汤姆正是春风得意，心想事成。 　　可是，一天早晨，他在开罗，发现自己额头上有一块黑斑，差不多有一分钱硬币那么大。当时没有介意，决定晚上演出前用化妆粉涂抹一下。他的演出是整个演出的高潮，远近许多观众慕名而来，不顾票价高低。在隔栏外面前拥后挤，几乎要破栏而入。	3. 请你们设想各种简单的杂技动作，组合成一台杂技表演节目，取名为：杂技学徒拜师汤姆·考尔特。 　　为此，首先准备好一部"剧本"，就好像是拍电影或演话剧，有出场人物、对话、导演说明词等。

续表

课　　文	导读和练习
4. 演出那天晚上,汤姆正在作准备,饲养员忽然跑过来,说马群出现异常不安现象,请他速去查看。 　　来到马厩,他发现一条大黑狗在马群中奔跳,于是投掷石块,把狗赶跑,还将饲养员狠狠批了一顿,怪他没有照看好马厩,让野狗钻了进来。饲养员承认不是,但又辩解说,他从未见过这条狗,马厩门关得好好的,不知道狗是怎么闯进来的。可是汤姆认为这是借口。由于心中不愉,所以把额头上黑斑的事压根儿给忘了。这一去一回花了一些时间,现在已经轮到他上场了。	4. 发挥你的想象力,把这段故事继续讲下去。请把间接引语、人物感情和思想活动用直接引语表达出来,可以采用对话、独白、批评和反驳等语言。 　　然后朗读个人的想像叙述结果,谈论是否符合原文意思。 　　与你的同桌设计人物对话,并把对话情景表演出来。
5/6. 汤姆登上黑马后,便催马从隔离栏旁边进入跑马场,全场观众顿时人头涌动,齐声呼喊,并报以热烈掌声。 　　一切如同往常,但又不同于往常。入场时,汤姆从负责拉幕的小丑身旁经过,当时就发现小丑表情同往常不一样,但并不知出了什么事,心想,也许今晚埃及国王来看演出(中午才与他共进午餐呢),所以观众觉得场面比较隆重,坐在位置上有些拘谨。 　　只见他掉转马头,朝入口处望去,待会儿40匹马将像一道白色的雷电从那里奔腾入场。此刻,所有观众屏住呼吸,忽然,从入口处传来小丑的响亮的声音:"他脸上有一颗痣!"说着用手指着汤姆的额头。	5. 研究一下,这段故事是从哪个角度叙述的,怎样看得出是从这个角度叙述的。请从小丑的角度叙述这段故事。 　　确定一下,角度的改变对故事情节和叙述方式会产生什么影响。 6. 你能想象埃及国王是怎样从他的包厢观看演出的吗?
7/8. "一颗痣!"观众发出惊叫,"看汤姆脸上那颗痣呀!"这叫声迅速传遍每个角落,这叫声也传到埃及国王的包厢里。"什么?汤姆脸上有颗痣?"国王问他的陪同。于是他们拿起望远镜仔细观看,回答说:"有。" 　　话音刚落,国王便从座位上站起,匆匆离开跑马场。他的随从紧随其后。	7. 回到宫殿后,国王突然觉得有必要把当晚发生的事件记载到日记里,于是他招来宫中最高秘书执笔,由他本人口述……请你记录国王的日记内容。 8. 试比较不同的人是怎样发现和看待汤姆脸上那颗痣的。怎样可以分辨出这些区别?"痣"意味着什么?原文首先出现"一颗痣",然后是"那颗痣",两种表达有何区别?
9. 汤姆茫然失色,离开跑马场。回到自己的车篷后,看见打开着的化妆盒,这才恢复神智。 　　他首先想弄清楚的是:是谁让小丑这么喊叫?为什么要对他喊叫?正在这时,饲养员进来请示:"要不要把这东西给毙了?""要!"汤姆喊道,"给我毙了!"他以为,饲养员指的是小	9. 那条奇怪的黑狗确实让人琢磨不定。原著插图中也一再出现狗的各种形象。考虑一下,狗在故事中起到什么作用?写一则以狗为中心角色的故事。为此,应当设想你对汤姆马戏团已经有了相当的

45

续表

课　　文	导读和练习
丑。转念一想又改口说："当然不应将他毙了。"饲养员说："那就随它去吧。"汤姆："不！给我带来！我要亲口问问他，他是怎么想的。"饲养员还没有弄清是怎么一回事，汤姆又叫道："你站在那儿发什么呆？还不给我把那家伙用铁链子捆来！"……	了解：时间，地点，人物，情节等。
10. 汤姆对小丑的误解终于搞清楚了。但他发现铁匠也向他不时投以斜视目光的时候，突然觉得有一股巨大的疲倦感向他袭来。这时，他压根儿不想有人将小丑扭来问罪了。自问道：难道我汤姆·考尔特要与一名小丑论长道短吗？这多可笑呀。再说，难道这一切不是我的过错吗？要不是我忘了涂抹黑斑，小丑也不至于高喊什么有痣。令汤姆不解的是，为什么一块黑斑竟变成了黑痣，为什么一颗痣如此重要，这颗痣对他又将意味着什么呢。	10. 汤姆自己也不知道，痣对他到底意味着什么。于是去找埃及国王私人大夫。这位大夫是汤姆的老朋友，因此没有必要请求国王特别恩准。大夫给汤姆作了检查，请他稍等片刻，大夫需要思考一番，并查阅有关文献资料，然后给汤姆写下了诊断结果："马戏团团长汤姆·考尔特先生额头上长有一颗分币大小的胎痣。" 你们不是医生，只能凭想象理解……
11. ……就这样汤姆独自一人坐了好一阵子，他忽然觉得周围一片寂静，这与往常大不一样。以往每次演出后，从跑马场到他的车篷，一路上是欢呼的人群。他的追星族一直呼唤着他的名字，直到深夜不愿离去。观众们离去后，从马队车篷里总会久久传出演员们的阵阵笑声和音乐声。笑声和音乐过后，总会传来一两声马蹄的摩地，雄师的呵气，夜鸟的啼鸣。此外，不时还会有人送来鲜花，打来贺电，或者某个大人物发来请柬。而现在…… 　　第二天凌晨，正是天亮前最黑暗的时刻，汤姆听到车篷外传来脚步声和耳语声。他以为这一定是国王的使者，因为国王每天派人清晨给他送来一篮子精选的水果，以表达地主之意。他迅速打开车门，欲欢迎从未介意过的使者的到来……	11. "他迅速打开车门，欲欢迎从未介意过的使者的到来……"故事讲到这里戛然而止。你感兴趣可以读原著，故事断开的地方很容易找到。 　　可是，在你读原著之前应当先考虑一下，故事将会怎样继续发展。为此，首先拿张纸，记下你的想法，然后把汤姆接下去的故事写到本子里。

框架故事和核心故事

　　以上阅读了小说《分币痣》的一个选段。你们已经发现，这个故事叙述的方式比较复杂。书中只有叙述，没有解释。故事给我们留下了一些空缺点，需要我们阅读理解时给予补充。这本书描述的是一个马戏团世界，这个世界提供了无限的叙述可能性：书中一个人讲述另一个人的故事，而另一个人又讲述别的故事……

这篇文章的文前导语、文后的小结，都不是告诉学生答案，而是启发学生的阅读方法与方向。最具特色的是"导读与练习"，像一位导师在引导学生在阅读过程中充分发挥自主性，以期获得创造性的读解成果。这种编写思想在于追求"读者的接受与反应"。这种"导读与练习"的编写方式类似于我国的"评点""旁批"的编写方式。1992——1999年，由人民教育出版社出版的九年义务教育初中《语文》教材也采用了这种编排方式，但编写思想、教材内容都与德国教材迥异。如其第一册中的第17课朱自清的《春》的"评点""旁批"如下①：

1. 突出盼
2. 宏观勾勒
3. 微观描绘
4. 春草图
5. 写小草的情态，它的质地、色泽、长势
6. 春花图
7. 写花朵多，花色艳，花味甜
8. 由春花联想到秋实
9. 春风图
10. 从触觉、嗅觉、视觉、听觉等方面，把无形、无味、无色的春风写得有声有味，有情有感
11. 春雨图
12. 抓住春雨的特点：细密和轻盈
13. 从静景写到动态，从物写到人，由近写到远
14. 迎春图
15. 春到人欢，和开头呼应
16. 引用俗语启迪
17. 赞美作结，三个比喻形象新颖，含意深刻②

这样"对学生来说，学习的内容都是相对外在于他们而被别人事先确定了的，学生的主要任务，是浸入这些诗文，并按权威者的指示，对那些被阐释过的诗文加以内化（了解和欣赏）"③，这其实是以编者自己的读解代替众多学生的读解，学生阅读时无须反应，也无法反应，因为已告诉了确定的答案。这样编写拒绝学生以想象填补空白，在品味时候发掘未定，学生甚至进入不了作品，更不可能有批评、反驳、创造的权利与机会。

可见，我国的教材编写不仅要学西方的形式，更要汲取其精髓。

---

① 人民教育出版社语文一室，编著.九年义务教育三年制初级中学教科书语文（第一册）[M].北京：人民教育出版社，1992：168—171.

② 1—17的序号为作者添加。——作者注

③ 王荣生.语文科课程论基础[M].上海：上海教育出版社，2003：324.

第四章

从接受美学看中学文学教学过程模式

传统的文学作品阅读教学受古代"知人论世""以意逆志"(《孟子·万章》)以及20世纪50年代以来苏联凯洛夫《教育学》理论的影响,形成了一个固定模式:"时代背景的介绍——作者生平的交代(含创作过程)——段落大意的分析(含解词释句)——主题思想的归纳——写作特点的总结。"如前所述,这其实是作者中心论、文本中心论的集中体现,即以作者、文本作为理解作品意义的根据,或企图复制历史原貌、复归作者原意,或视文本为一个完整的语言构造,其所有内容、意义都已存在于整体形式之中,文本之外无任何东西、任何意义,而专注对文本的语音、语义、题材、结构形式、表现技巧等分析。其中合理因素自不待言,但这种单向的、静态的、封闭的阅读教学模式的弊端也是显而易见的:一方面,它忽略了文本自身因语义、句法、结构、意境诸多方面存在的未定性和空白点而形成的艺术张力,以及读者在确定未定性、填补空白点使文本具体化、现实化(把文本图式中的各种变量与读者内在图式中的不同方面联系起来)时所产生的创造性理解,只强调作品能一次性读完,并得出唯一结论。另一方面,以教师逐字逐段地阐释肢解作品,来代替学生自己主动地对原文整体的感悟。可见,这种阅读教学模式既忽略了文学作品本身的特征、文学阅读的真正内涵,也违背了教学要确立学生的主体地位、发挥教师的主导作用的规律,更不利于学生"发展健康个性""发挥创造能力"[1]。

---

[1] 中华人民共和国教育部,制订.全日制普通高级中学语文教学大纲[S].北京:人民教育出版社,2002:2、6.

接受美学认为,作品的意义只有在阅读过程中才能产生,它是文本与读者相互作用的产物。阅读并非被动的反应文本的刺激,而是主动地参与文本的构建,与文本及作者对话、交流。因为文本是一个存在众多未定性、空白点的未完成的、开放的、动态的"图式结构"。"作品的未定性与意义空白促使读者去寻找作品的意义,从而赋予他参与作品意义构成的权利。"[①]可见,阅读要靠学生自己去读,并创造性地去理解,故不可能存在,也不可能得出唯一结论。"一部文学作品,并不是一个自身独立、向每一时代的每一读者均提供同样的观点的客体……它更多地像一部管弦乐谱,在其演奏中不断获得读者新的反响,使本文从词的物质形态中解放出来,成为一种当代的存在。"[②]可见,作品的意义也不是靠一个人、一次性阅读就能完整把握的。

接受美学家姚斯在《阅读视野嬗变中的诗歌本文》一文中把文本的解读分成逐层递进的三个阶段[③]。可据此构建一个真正意义上的文学阅读模式。但姚斯的文中术语多变,且语焉不详,现将其归纳如下图,并结合《荷花淀》(人民教育出版社,高中《语文》第四册)的阅读教学,逐一申述如下。

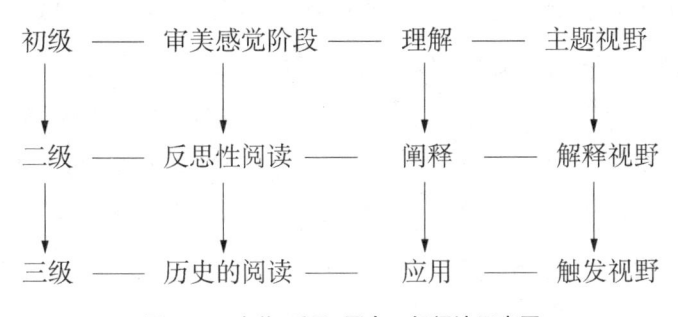

```
初级  ──  审美感觉阶段  ──  理解  ──  主题视野
 ↓
二级  ──  反思性阅读    ──  阐释  ──  解释视野
 ↓
三级  ──  历史的阅读    ──  应用  ──  触发视野
```

图 1-2　审美、反思、历史三级阅读示意图

一、初级阅读

初级。我称之为复现(复活)作者、文本的意象世界(主题视野),即"作品对我说什么"的阶段。创作是选言(字、词、句、篇)明象(人、事、物、景)、聚象显意(思想、感情、动机)的过程,这一阶段的阅读正好与之相反,是由言明象、据象味意的过程,读者接触的

---

① 沃尔夫冈·伊瑟尔《本文的召唤结构》,见金元浦著《接受反应文论》[M]. 济南:山东教育出版社,1998:43.
② H·R·姚斯,R·C·霍拉勃. 接受美学与接受理论[M]. 周宁,金元浦,译. 沈阳:辽宁人民出版社,1987:26.
③ H·R·姚斯,R·C·霍拉勃. 接受美学与接受理论[M]. 周宁,金元浦,译. 沈阳:辽宁人民出版社,1987:175—230.

文本是一套语言文字符号系统。所以,首先必须把言转换成象(物象——意象)。语言文字具有所指(客观世界,与抽象概念相关,如当我们读到"水"时,知道它指代一种物质)和能指(审美世界,与人的情意相关,如由水的柔联想到"女人是水做的",由水的韧性联想到"水滴穿石",由水的易逝联想到"逝者如斯,不舍昼夜"式的慨叹,由水的不断联想到"问君能有几多愁,恰似一江春水向东流"式的哀伤等,还有各种形态、质地的水)两种功能。作者的创作并非再现客观世界,而是通过表现手法构建一个有所选择、渗透着情感的意象世界,即审美世界。其采用的语言并非简单地阐明一个观点、传递一个信息而具体、明确,而是陌生化的、有意味的。尤其是其中的用典、象征、双关、讳饰、隐喻等,更容易造成复指多义。如屈原《离骚》中的香草美人,辛弃疾词中的利剑长虹,"柳"谐音"留"、"亭"谐音"停"等。即朱光潜所说的,文学阅读不仅要关注直指意义,更主要的是熟悉其联想意义[①];也即夏丏尊说的,"'田园'不但解作种菜的地方,'春雨'不但解作春天的雨吧。见了'新绿'二字,就会感到希望、自然的化工、少年的气概等等说不尽的旨趣,见了'落叶'二字,就会感到无常、寂寥等等说不尽的意味吧。真的生活在此,真的文学也在此。"[②]即对语言有灵敏的感觉(语感)。学生具有一定的生活体验积累、阅读审美经验积累,从而形成这种直觉感知能力。有了这种能力,通过再造想象复现文本中以一定的方式营构的意象世界。"从本文最基本的肌质及其结构的封闭整体中去认识具有意味的语词功能和审美对应物"[③]。进而体味作品的意旨甚至深层的哲理意蕴,"把本文置于一个全然陌生的语境中,即赋予本文以一个超出意义视野之外的意义或曰本文的意向性。"[④]这一阶段的教学应指导学生通过言语解读从整体上把握文本意象世界,并能身临其境、设身处地感知、体味其中的意蕴。这其实是欣赏性阅读。

如阅读《荷花淀》,可由教师朗诵全文,学生闭上眼睛展开再造想象、联想,再现作者笔下的文本意象世界,并移情体味其中情旨。以开头场景描写为例,在教师朗诵时,学生脑中自然复现一幅空灵剔透的淀边织席图——蓝蓝的天空,皎洁的月光,微微的风,薄薄的雾,悠悠荡着的银白的淀水,飘着淡淡香气的密密的荷叶。月下,小屋,一个女人手里编织着洁白的苇眉子,脚下是一片洁白的苇席。从作者笔下环境的幽静清新、女人的圣洁温顺中读出了作者对这片土地的眷恋之情,如果联系作品整体,则可体

---

① 朱光潜.咬文嚼字[A].普通高中语文(第2册)[M].北京:人民教育出版社,2000:56.
② 中央教育科学研究所,编.叶圣陶语文教育论集(上)[M].北京:教育科学出版社,1980:267.
③ H·R·姚斯,R·C·霍拉勃.接受美学与接受理论[M].周宁,金元浦,译.沈阳:辽宁人民出版社,1987:177.
④ H·R·姚斯,R·C·霍拉勃.接受美学与接受理论[M].周宁,金元浦,译.沈阳:辽宁人民出版社,1987:178.

味出内存的意旨:如此优美的风光不容敌人来破坏,如此恬美的生活不允敌人来侵扰。

二、二级阅读

二级。通过重构作者的意象世界,创造自己的意象世界(解释视野)。即"我对作品说什么"的过程。正如前面提及的,文本是一个未完成的"图式结构",作者创作时设计未定,留有空白,"从对实践语言的习惯性常规的破坏或反拨产生出句法上的空白;从自然铺叙的结构章法发展到跳跃、穿插、转接、倒叙、缺失等结构空白;由单一视点(叙述者视点)发展为人物视点、情节视点、读者视点等多种视点的游移交错,通过互相矛盾的叙述,形成'悬念'等阅读中的动力空白,最后走向对文外之旨、韵外之致的整体意境空白的追求。"[1]阅读时在作者的暗示、意旨及文本的规定、制约下去确定未定,填补空白,进行有意识地误读、创读,以自主阐释来丰富和超越文本。到这一步已达到《全日制普通高级中学语文教学大纲》所要求的,"初步鉴赏文学作品,能感受形象,品味语言,领悟作品的内涵,体会其艺术表现力"[2]。阅读的自主意识已明显加强。接下来的一步应将两个意象世界进行比较,体味两个意象世界的内容与形式的异同与优劣(反思性阅读),初步达到《全日制普通高级中学语文教学大纲》要求的,"对阅读材料能作出自己的分析判断,学习从不同的角度进行阐发、评价和质疑。"[3]这一阶段的教学,教师应指导学生从头到尾、从局部到整体地去默读,积极开展多种联想(相近、相似、类比、对比、因果、种属联想等)和创造想象(再造想象、创造想象,创造想象包括综合化、粘合化等),允许误读、鼓励创读(后文将详细论述)。要求学生从第一阶段的移情认同转向理性审视,再进一步让学生交流自己误读、创读的成果,教师作相应的辨析和归

---

[1] 金元浦. 论本文——读者的交流与对话[J]. 晋阳学刊. 1995(3):86. 金元浦在《学术论丛》1996年第2期《文学阅读的序次性与本文的非序次性》一文中有类似的表述:"艺术家们一直在进行着艰苦的探索。他们打破了原始艺术中的叙述序次,发展出多种叙述视角(视点),创造出穿插、倒叙、转接、'叠映'等叙事手法,不断变换叙事观点,交叉运用各种叙事方式,展开对比、照应、映衬、铺垫,特别是设置'悬念'等一系列艺术技巧,形成了反常规惯例下自然序次的非序次叙述:空间上非自然排列的顺序,时间上非自然流动的时序与节奏,情节上非常态展开的程序安排,情感情绪上非常态发生的'意外'之趣,这样,艺术创作就打破了现实的拘执,进入了无限广阔的自由想象的时空领域。"我想,无论是物象,还是事象,都存在许多未定、空白。钱钟书在《谈艺录》中首提的"喻之异柄多边"说给了我们很大的启示:"异柄多边"即同一比喻或有褒义(取起真、善、美)或有贬义(取其假、恶、丑)。如莲花,因其处污不染,可喻人品质高洁;因其出乎污泥,而喻妓女出身下贱。"多边"根据物多方面的特点而联想多种事物。例如月,可取其弯,如眼、如眉、如弓;圆,如面、如团、如饼;明,如镜、如水、如日等等。(见周振甫、冀勤.《谈艺录》读本[M]. 上海:上海教育出版社,1992:471)也即要注意多种联想与想象的运用,特别是反向思维、发散思维,钱钟书的《读〈伊索寓言〉》(高中《语文》第二册)就是一个成功的范例。
[2] 中华人民共和国教育部,制订. 全日制普通高级中学语文教学大纲[S]. 北京:人民教育出版社,2002:2.
[3] 中华人民共和国教育部,制订. 全日制普通高级中学语文教学大纲[S]. 北京:人民教育出版社,2002:2.

纳。这其实是批判性阅读(张必隐在《阅读心理学》中指出:"批判性阅读所指的是,不仅仅以作者所意图的方式赋予材料一定的意义,而且,还能够超越作者所给予的信息,对阅读的材料批判地加以评价"[1])。

如在《荷花淀》中,因其自然环境意境化、社会环境散点化、人物写意化、情节片段化[2],造成众多未定性和空白点。我们可以引导学生在积极地运用多种联想和创造想象来确定未定、填补空白,使景物完形、人物完善、情节完整。如主要人物水生嫂无名无姓,其肖像、服饰、心理也未涉及。另外五个女人商量寻夫一节,除标识水生嫂一人身份外,其他四位只是简短几句对白。可从肖像、服饰、动作、神态、心理甚至其所处环境进行增加修饰,使其血肉丰满,跃然纸上。小说以水生嫂等待任游击组长的丈夫归来开头,以水生嫂及妇女们配合子弟兵作战结尾。时间从夏到秋再到冬,地点从家到村再到淀。人物事件多,时空跨度大。但作者在中间只选取了四个片段:夫妻话别——探夫遇敌——助夫杀敌——学夫抗敌。正如孙犁自己说的,"《荷花淀》所反映的,只是生活的一鳞半爪。"[3]小说写抗敌,但水生走后怎样谋划抗敌;遇敌后,敌人怎样行动,杀敌场面如何;秋后妇女们表现怎样等,小说或不置一词进行虚化,或寥寥几笔进行淡化。我们可填补、充实,使其前后连贯、首尾完整;然后再比较作者笔下的人物、情节及其表现方法与我们构筑的人物、情节及其表现方法,有何异同,孰优孰劣,从而进行评价、质疑。这样既理解了文本,又理解了自我。即"通过我们对这一整体的系统阐述,使我们能够系统阐述我们自己,发现我们至今仍未意识到的内在世界。"[4]

三、三级阅读

三级。联系历史意象世界。此处的"触发"即联系。姚斯以波德莱尔的《烦厌》为例提出了历史理解的几个问题:"就当代读者而言,《烦厌》一诗可以满足何种期待,否定何种期待?本文可能与之发生联系的文学传统是什么?历史、社会条件是什么?作者本人是如何理解这首诗的?第一次接受赋予这首诗的意义是什么?在今后的接受

---

[1] 张必隐.阅读心理学[M].北京:北京师范大学出版社,1992:311—312.
[2] 张心科,戴元枝.从孙犁的《荷花淀》看其诗化小说的特征[J].安庆师范学院学报.2002:116—118.
[3] 孙犁,姜德明,主编.孙犁书话[M].北京:北京出版社,1996:320.
[4] 沃尔夫冈·伊瑟尔.阅读活动——审美反应理论[M].金元浦,周宁,译.北京:中国社会科学出版社,1991:191.

史中,其中哪一种意义被具体化了?"①我们可从这些发问中推知历史理解的范围:和自己以前阅读的作品比较优劣。其内容和形式对传统文学有哪些摒弃、继承或超越。本文创作的背景怎样、作者本意如何,这也是需要了解的。如孟子说:"颂(诵)其诗,读其书,不知其人,可乎? 是以论其世也。是尚友也"②。即认为了解作品,应该对作者生平及其所处的时代有所了解,以此与古人为友。另外,还要了解接受过程中众多历史上的、同时代的读者对其已读解到何种程度(垂直接受、水平接受)。这其实是在前两级阅读的基础上反观、审视在复现和重构意象世界时已意识到的或未意识到的问题。只有联系这些,才能评价本文写了什么、我重建了什么、本文怎样写、我怎样重建的、本文为什么这样写、我为什么这样重建等方面的正与误、完善与缺陷,才能对文本本身和自己的阅读的认识更全面。在三级视野的碰撞交流中也可能生发出更多的未定性、空白点(见图1-3),从而使作品的内涵更丰富,也使阅读活动得以继续进行,最终使整个阅读教学呈现一种开放的格局。这其实是研究性阅读。

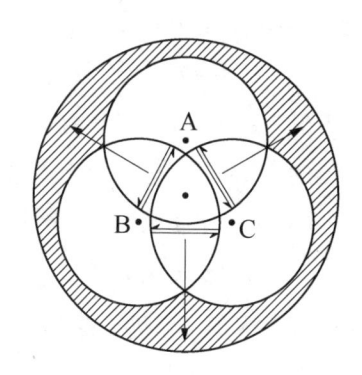

A. 作者营构的意象世界
B. 读者重建的意象世界
C. 历史意象世界
■ 新的未定性、空白点

图1-3 作者、读者、历史意象关系图

---

① H·R·姚斯,R·C·霍拉勃. 接受美学与接受理论[M]. 周宁,金元浦,译. 沈阳:辽宁人民出版社,1987:211—212. 孙艳、袁卫星在《中学语文教学》2002年第3期《诗经·读解·养气》一文中指出:"文本之间有着时空联系。《爱莲说》与《荷塘月色》两个文本相距一千年,却在语言、思想、风格上互相发生联系;再往前寻踪,《史记·屈原贾生列传》中司马迁说屈原:'濯淖淤泥之中,蝉蜕于浊秽,以浮游尘埃之外,不获世之滋,皭然泥而不滓也。'又与之发生互文关系。由此可见,现代文本只有置入历史文本中去解读,才能显示出厚度;历史文本须与现代文本相联系,才能显示出深度。同一时代的文本则必然嵌入与之联系的文本系统,在整体中才能显示出局部或个别的意义。"王纪人主编的《文艺学与语文教育》(上海教育出版社,1995:191)指出:"以现代语言学和现代文学理论的观点来说,每一部文学作品都与它以前的文学作品和它同时代的文学作品构成一个创造和理解的相互关系,即互文关系。"汪正龙著《文学意义研究》(南京大学出版社,2002:96—97)指出:"法国批评家克里斯蒂娃提出了'互文性'概念。'互文性'认为一个文本无法离开其他文本独自存在,此一文本与其他文本、现在的文本与过去的文本一起构筑起文本的网络系统,每个文本的意义总是超出自身所示,表现为一种活动与一种构造过程,一种文本与文本之间的相互作用,互文性因而成了生发和分配意义的场所。"费纳萨莫瓦约著 邵炜译《互文性研究》(天津人民出版社,2003:36)指出:"没有任何一部文学作品中不在某种程度上带有其他作品的痕迹",这虽然和黄庭坚标举诗"无一字无出处、无一字无来历"一样未免绝对,但确实揭示了创作者在创作时对前贤和同辈的作品的借鉴与超越,而产生文本间小到片言只语,大到形式、内容方面的联系,即互文性。

② 孟轲. 孟子[M]. 杨伯峻,杨逢彬,注译. 长沙:岳麓书社,2000:187.

如《荷花淀》阅读教学的最后一阶段,可指导学生将水生嫂与祥林嫂等其他女性比较。可将这部小说与其他战争题材的小说比较阅读。介绍作者生平、时代背景、作者自己谈创作本意的文章《关于〈荷花淀〉的写作》(见《孙犁书话》),并提供其他人的读解文字,如林志浩的《充分体现孙犁艺术特色的〈荷花淀〉》、郝宇民的《〈荷花淀〉战争小说的一曲纯美的绝唱》(见《教师用书》),也可从多种现、当代文学史、课本所列的网站中去查找相关资料。师生共同讨论、交流,开展研究性阅读。

但是,有两点需要强调:一是第一步和第二步并非严格分离,因为阅读不可能绝对地身临其(作品)境、设身处(作者)地,读者总是带着自己的生活、阅读经历和自己的思想、情感去感受文本。但是,第一步和第二步在想象方式上有再造与创造性的区别,在自主意识上有弱与强的区别,在认识上有感性与理性的区别。二是模式因有一定的程式、序列,极易导致模式化,而使学生感到单调、乏味,教学是要考虑其变式。可把第三步中的有些内容放在第一步之前,如教读卞之琳的诗《断章》"你站在桥上看风景　看风景的人在楼上看你　明月装饰了你的窗子　你装饰了别人的梦"(人民教育出版社,高中《语文》第三册),可先让学生阅读废名的小说《菱荡》中的片段:"一条线排着,十来重瓦屋,泥墙,石灰画得砖块分明,太阳底下更有一种光泽,表示陶家村总是兴旺的。屋后竹林,绿叶堆成了台阶的样子,倾斜至河岸,河水沿竹子打一个湾,潺潺流过。这里离城才是真近,中间就只有河,城墙的一段正对了竹子临水而立。竹林里一条小路,城上也窥得见,不当心河边忽然站了一个人——陶家村人出来挑水。落山的太阳射不过陶家村的时候(这时游城的人很多),少不了有人攀了城垛子探首望水,但结果城上人望城下人,仿佛不会说水清竹叶绿,——城下人亦望城上。"向学生提问:诗与小说在观点、内容、形式等方面有何不同?这样可激发学生阅读兴趣。也可把第三步中的有些内容放在第二步中。如有关《断章》的类别是哲理诗还是爱情诗,主题是"相对论"还是"装饰说",诗中的"你""人"是男士还是女郎,存在争议(见附录),可在学生初读后将其告诉学生,让他们带着问题阅读,以利于思考的深入。但是,模式作为规律的表现形式,有些是不能改变的。既然是阅读,教师就不能一开始就分析,而必须让学生自己去阅读。既然要鼓励学生创造性地理解,教师就不能一开始就介绍作品的时代背景、作者的创作经历等,以免先入为主。关于这两点在本书第九章"接受美学指导下的中学文学设计"之四种文体设计示例中体现得较具体。

总之,这种新的文学教育模式,不仅丰富了作品的内涵,调动了学生的积极性、主动性,发挥了学生的创造性,张扬了学生的个性,活跃了课堂气氛;也使课堂阅读鉴赏得以向课外探求研究无限延伸;同时,长期进行也有利于学生可持续发展。

第五章

从接受美学看中学文学教学的读法指导及媒体选用

本章将以接受美学家伊瑟尔的一些理论,来分析文学教育中在指导读法、运用媒体时经常出现的不科学的做法。

一、中学文学教学读法指导

在进行文学阅读教学时,有些教师在导入新课后让学生跳读泛览课文,以求快速从整体上获取文本的主要信息("快速阅读法");有些教师求细,让学生一字一顿,字字求解。这两种阅读操作方式都不适合文学作品阅读。快速跳读、泛览适合于实用文体,因为这类文体的文本往往语言精确、结构固定,尤其是文中有许多语言标志,如"首先""其次""最后""然后""所以""可见""总之"等等。但在文学文本的阅读中不可能一目十行,即了然于心。因为"整体本文的各个部分绝不可能在任何一个短暂的瞬刻被同时感知。这一特点,使它有别于那种一般可以直接观察得到、或者至少能够设想得出其整体的既定客体。与之不同,本文这一'客体'只能通过对不同序次的段落依次逐一阅读的方式来进行想象。"[1]我们在逐一阅读中通过想象构成一个形象序列,并且在这个序列的"延伸中不断展示了沿时间轴运动的各想象对象间的矛盾和对比。"[2]也就

---

[1] 沃尔夫冈·伊瑟尔.阅读活动——审美反应理论[M].金元浦,周宁,译.北京:中国社会科学出版社,1991:129.
[2] 沃尔夫冈·伊瑟尔.阅读活动——审美反应理论[M].金元浦,周宁,译.北京:中国社会科学出版社,1991:178.

是说,在阅读的过程中,旧的阅读瞬间转化为记忆作为背景,制约、影响着作为前景的新的阅读瞬间,而这一新的阅读瞬间又影响、改变着过去阅读部分,同时又对尚未阅读的部分产生期待、预测。这样就在相互影响、转化中成为一个整体。如阅读马致远的小令《天净沙·秋思》:"枯藤老树昏鸦,小桥流水人家,古道西风瘦马。夕阳西下,断肠人在天涯。"如果将每句独立出来理解,会发现第一句中"枯藤""老树""昏鸦"三个意象构成一个衰败、凄惶的意境。第二句中"小桥""流水""人家"三个意象,可构成清新、恬静的意境,也可构成孤寂、冷清的意境。第三句中"古道""西风""瘦马"三个意象,可构成空旷、粗放的意境,也可构成萧条、凄凉的意境。第四句"夕阳西下",可视为绚丽,也可视为殒逝。第五句"断肠人在天涯"确指思乡、悲伤。只有从头读到尾,在前后句不断地影响、相互修正中对这首小令有个整体理解,才能体会其中悲凉、落寞的情感。

伊瑟尔说:"如果刺激读者去回忆一些业已湮入记忆的事物,他将会携之向记忆深处回溯,将先前的事件置于特殊语境之中,而不是孤零零地去苦思冥想事件自身。"①如阅读莫泊桑的《项链》,如果不是逐句逐段阅读,而用跳读、泛读读法,当我们得知项链是假的,受到这个出人意料结局的刺激时,回溯的只是借项链——失项链——赔项链——发现项链是假的等简单的情节,而不能发现前文中为这个结局所预设的暗示:(一)玛蒂尔德借项链时佛来思节夫人爽快地答应:"当然可以。"(二)她赔项链前,珠宝店的老板告诉她:"这挂项链不是我卖出的,我只卖出这盒子。"(三)她还项链时,佛来思节夫人并没有打开盒子查看。相应地,也就不能体味其深蕴之意和作者的匠心。

同时,阅读文学文本也不提倡逐一译解字词的所谓"细读"。正如伊瑟尔说的,"如果读者真象一个计算机一样细读字母和词的话,阅读过程就将简单地承担登记这些个别语言单位的任务。但这些单位还不是意义单位,"②只能"通过群集的方式来汇集。"③据此,他又引用了亚伯拉罕·A·莫勒斯的《信息理论与审美感知》中的论述:"当我们阅读某一印刷页时,我们的注意力并未聚集于纸上的印迹,即使它们正处在我们的视域之内也罢。实际上我们只看见运用字母形式表述的潜在思想。在更高的观察层面上,我们从感觉心理学家在印刷页的阅读方面所做的广泛工作(诸如李乔多、佐特勒、孙恩等的人研究)中得知,在连续阅读中,眼睛注意的焦点每行不得超过两到三个,而且眼睛掌握每一个别字母的形式在物理上也是不可能的。存在着无数'印刷幻

---

① 沃尔夫冈·伊瑟尔.阅读活动——审美反应理论[M].金元浦,周宁,译.北京:中国社会科学出版社,1991:139.
② 沃尔夫冈·伊瑟尔.阅读活动——审美反应理论[M].金元浦,周宁,译.北京:中国社会科学出版社,1991:143.
③ 沃尔夫冈·伊瑟尔.阅读活动——审美反应理论[M].金元浦,周宁,译.北京:中国社会科学出版社,1991:142.

觉'的例子,所有这些发现都引导心理学家接受格式塔理论,以反对单方面的细读概念。"[1]这就告诉我们,不能专注单个字词的物理符号,应以整个句子、句群、段落所表述事实意义,逐一在大脑中构筑形象,以提高阅读速度。

可见,文学阅读教学为了完整、深刻地理解作品内容,为了适当提高阅读速度,应力避以跳读、泛览求快及译解字词以求细的阅读操作方式。

二、中学文学教学媒体选用

多媒体教学在资料的丰富性、教学的情境性、学习的趣味性等方面的优越,是传统阅读教学所不及的。但这种"超文本教学",忽视了文学阅读教学是借助"文学文本"这个媒介进行的。文学阅读教学的出发点和归宿都是为了对文本语言的理解、反应和创造。

目前,收入中学语文课本中的一些经典名篇,如有些诗歌被制成配有音画的《古诗风韵》《唐之韵》等 VCD 光盘,散文如朱自清的《荷塘月色》、史铁生的《我与地坛》等被制成电视散文,小说如鲁迅的《祝福》、巴尔扎克的《守财奴》等被拍成电影,戏剧如曹禺的《雷雨》、莎士比亚的《罗密欧与朱丽叶》等在舞台演出后也被拍成影视。多媒体设备也日渐普及。尤其是多媒体图文并茂,能化静止抽象为生动形象。所以,许多教师在进行作品阅读教学前,利用多媒体让学生观看相关的影视,并美其名曰:利用媒体进行情境教学。其实这是违背文学阅读教学规律的。盲目地追求教学技术的现代化,会导致教学目标的异化、教学内容的虚化。文本中内涵丰富的语言被视象化了,意象被具象化了。随后,学生在阅读作品时,无法调动自己在生活实践和阅读实践中所积累的丰富表象,进入作品进行想象、联想,来再造或创造形象。在阅读时,作品中的形象是不断被我们重构、改造的。正因为这样,我们才享受到创造的愉悦。如伊瑟尔说的,"我们之所以对某一叙述性的改编电影如此失望的缘故。因为这一结果'从再生产的任务中去掉了人的能动性……镜头中的现实在向我展示,而我则没有将自我展示于它,没有将我所了解所观察的世界展示于它(这并不是我的主体性的过失)。这个我从来没得到表现的世界纯粹是过去的世界'。镜头并不只是再现一个现存客体,而且也拒绝我参与对我能够看见的这一世界的创造。改编电影与我们先前想象中的感觉有出入,这并不是使我们失望的真正原因,它仅仅是一种附带现象。真正的原因是,我们

---

[1] 沃尔夫冈·伊瑟尔.阅读活动——审美反应理论[M].金元浦,周宁,译.北京:中国社会科学出版社,1991:142—143.

被排除在创造之外,不能进入想象之中,而我们在想象中创造的形象,就象自己的私有财产一样,使我们能够在自己的产品中表现自己。电影展示了'其映象对于世界的外在性和对我介入的拒斥。'"[1]

其实,叶苍岑等人早在1984年就说过,"我们还须特别注意,无论是幻灯教学,或是电影、电视教学,都只能是语文教学的一种辅助手段,绝不能代替语文教师的主导作用。语文教学里的形象性,主要还是教师语言的形象性。"[2]最近,也有人说:"不要放电影。屏幕形象代替不了文学形象和文学意境,声像画代替不了语文实践和学生对语言的感知。"[3]但是也不能太绝对,开始上课为了营造氛围、创设情境,可选取其中一两个片断,只播放声音,不显示画面。课后可完整播放,让学生将自己构筑的形象与屏幕中的形象对比,体味其异同优劣。

可见,在文学阅读教学中要慎用媒体,要发挥它的辅助作用,切不可本末倒置,喧宾夺主。

---

[1] 沃尔夫冈·伊瑟尔.阅读活动——审美反应理论[M].金元浦,周宁,译.北京:中国社会科学出版社,1991:167.
[2] 叶苍岑,主编.中学语文教学通论[M].北京:北京教育出版社,1984:199.
[3] 张伟忠.以学论教 重视导向——对语文优质课的思考[J].中学语文教学,2002:11.

第六章

从接受美学看中学文学教学中的师生关系及教学方式

国家课程研究所的崔峦老师最近撰文重申义务教育《语文课程标准》的观点:"阅读教学是学生、教师、文本之间对话的过程。"①但在应试教育中,文本一概被当成学生学习的对象、教师施教的媒介,是一个纯粹的客体。关于师生关系,基本上认为学生是受教的客体,教师是施教的主体,或口头上承认学生是学习的主体,教师是学习的促进者,是主导。这种对文本含义的认识,对师生关系的界定,只适合记叙文、议论文、说明文、应用文等实用文本的教学。因为这类文本只是阐明某个

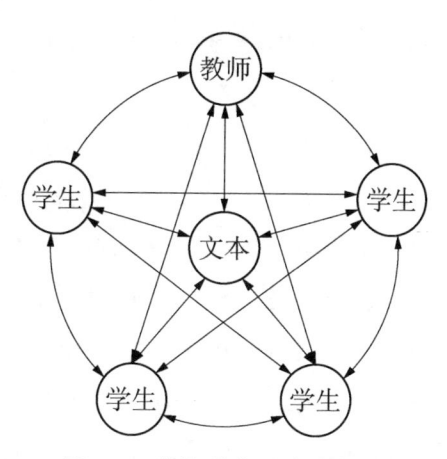

图 6-1 教师、学生、文本、关系图

观点、说明某个事实,其内容是确定的,语言是精确的。"一个解说性本文不要求接受者进行丰富的想象,因为它的目标就是实现自己与一个特定的既定事实相关的特殊意图。为了保证预期的接受,接受者只需细察其连续性便可。"②教师把这类文本当成客

---

① 崔峦.学习《语文课程标准》深化语文教学改革(下)[J].课程·教材·教法,2002(4):12. 王荣生《语文科课程论基础》(上海教育出版社,2003:215.)"一、阅读是读者与文本的主体间的对话过程,二、教学是教师与学生以及学生与学生的主体间对话过程"。

② 沃尔夫冈·伊瑟尔.阅读活动——审美反应理论[M].金元浦,周宁,译.北京:中国社会科学出版社,1991:223.

体肢解细释,把学生当成客体强灌硬输,能起到一定的效果。但在素质教育中,在诗歌、散文、小说、戏剧等文学文本的教学中,这是极为不当的。

一、中学文学教学中的师生关系

接受美学家伊瑟尔认为,文学阅读"有别于那种一般可以直接观察得到、或者至少能够设想得出其整体的既定客体……因此,本文与读者间的关系是截然不同于那种既定客体与观察者之间的关系的:与那种主体——客体关系不同。"[1]因为文学文本不是一个既定的封闭的固态结构,而是一个存在众多未定性、充满着空白点的(如中断、省略、隐喻、虚写等)、开放的、动态的"召唤结构。""本文只是作为一种潜在现实而存在的,它要求一个'主体'(即读者)来实现这种潜势。于是文学本文只是作为一种交流手段存在着,阅读过程基本上是一种双向交互作用的过程。"[2]"不是一个单向的过程。"[3]也即文学阅读是文本与读者的对话与交流,文本与读者的关系是一种"主体——主体"间的关系。"一个主体孤立生存,进行独白,这是不可能的,但是只要同其他主体发生关系,进行交往和对话,他就必然是在一定前提下行事,就必定以这种或那种形式承认和遵循一些规范的要求。在这个意义上,主体性意味着主体间性。"[4]"教育、教学活动是一种很特殊的活动,在这种活动中,教育者与受教育者之间体现出一种主体间性,即二者的交往关系是主体间的相互作用、相互交流和相互沟通的关系。"[5]"教育者与受教者的关系是交互主体性的伙伴关系。"[6]"师生之间这种相互作用或对话的交互性,说明二者的关系是一种互主体性关系,这不仅是指二者只是两个主体在对话中的相互作用,而且指二者形成了互主体性关系即主体间性,这样相对于对方,谁也不是主体,谁也不是对象,谁也不能控制谁操纵谁,或者强行把意志意见加于另一方。互主体性关系说明双方共同享有某种和谐、

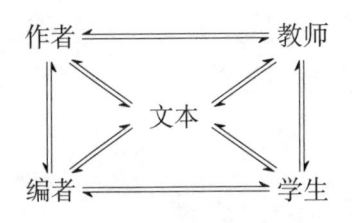

图 6-2 阅读教学主客体关系图

---

[1] 沃尔夫冈·伊瑟尔.阅读活动——审美反应理论[M].金元浦,周宁,译.北京:中国社会科学出版社,1991:129—130.
[2] 沃尔夫冈·伊瑟尔.阅读活动——审美反应理论[M].金元浦,周宁,译.北京:中国社会科学出版社,1991:81.
[3] 沃尔夫冈·伊瑟尔.阅读活动——审美反应理论[M].金元浦,周宁,译.北京:中国社会科学出版社,1991:128.
[4] 熊川武.反思性教学[M].上海:华东师范大学出版社,1999:61.
[5] 李臣.活动课程研究[M].北京:教育科学出版社,1998:4.
[6] 钟启泉,等,主编.为了中华民族的复兴 为了每位学生的发展——《基础教育课程改革纲要(试行)》解读[M].上海:华东师范大学出版社,2001:218.

某种一致,双方共同达致理解和沟通,双方之间不是'主体——客体'关系,也不是'人——物'关系,而是人与人之间的互相承认与理解的社会性关系。"①综上可见,文学阅读教学中的师生、生生关系,实际上是主体间的关系,呈现如图6-2所示的关系。

二、中学文学教学的教学方式

阅读是从印刷和书写的语言符号中提取意义并与作者、文本等展开交流与对话的心理过程,阅读教学则包含师生、生生间交流各自所提取的意义的交互过程。交流(对话)理论的首倡者巴赫金认为:"意义不在词语之中,不在说话者的心中,也不在听话者的心中。意义是说话者与听话者凭借该语音综合体,相互作用的结果。"②也即阅读教学要求,师生在各自发挥主观能动性的前提下,通过交流与对话来达成共识,促进师生协同发展,真正达到"教学相长"(《学记》)的境界。无论是苏格拉底的"产婆术",还是孔子的《论语》,都是对话,而非"独白"。义务教育《语文课程标准》也指出,"阅读教学是学生、教师、文本之间对话的过程。"③其实这种对话还存在于与编者(含研究者)、与作者之间(如图6-1)(这在普通高中《语文课程标准(实验)》中得到了确证)。

一是与编者对话。鲁迅先生说:"选本所显示的,往往并非作者的特色,倒是选者的眼光。"④入选教科书中的文章有些作了删改。如编者选取《社戏》中"富有诗意"后半部分,而删去"我"在北京两次看戏的经历,而原文中鲁迅将过去与现在对比,更突出自己对美好童年的无限依恋;为追求"空灵"而删去《过万重山漫想》中有关葛洲坝工地的几段文字,而删文模糊了主题的时代性,破坏了结构的完整性,割裂了语段的连贯性⑤。另外,所选文章多是作为例子来印证某知识能力点的,当然要关注重点、研读难点。如《荷塘月色》的"学习重点"为"领悟作者的思想感情"和"学习作者运用语言的技巧"。是否可揣摩其写景的高超手法呢?《拿来主义》的"学习重点"是"总体理解文意,揣摩词语的讽刺意味"。是否可揣摩其比喻论证手法呢?

二是与作者对话。叶圣陶说:"文字是一道桥梁,这边的桥堍站着读者,那边的桥

---

① 金生鈜.理解与教育——走向哲学解释学的教育哲学导论[M].北京:教育科学出版社,1997:133.
② 巴赫金,钱中文,主编.巴赫金全集(第2卷)[M].石家庄:河北教育出版社,1998:456.王纪人,主编.文艺学与语文教育[M].上海:上海教育出版社,1995:125.认为:"作品的意义的实现在于作品与读者的相互运动,这样接受行为就呈现出一种对话特点,文学意义也就在对话中产生。"
③ 中华人民共和国教育部,制订.全日制义务教育语文课程标准(实验稿)[S].北京:北京师范大学出版社,2001:17.
④ 鲁迅.且介亭杂文二集·题未定草六[M].北京:人民文学出版社,1973:171.
⑤ 张心科.谈《过万重山漫想》的删节[J].学语文,2002(1):21.

块站着作者。通过了这一道桥梁,读者才和作者会面。不但会面,并且了解作者的心情,和作者的心情相契合。"[1]所以,要适当了解作者生平、时代背景,从而更好地理解作者笔下的人、事、物、景,感受作者心中的喜怒哀乐。但作者未必然,读者未必不然。如臧克家说自己的《老马》写的是一匹负重受压、苦痛无比,在鞭子的抽打下不得不向前的老马。但几乎所有的读者和选本注释家都说写的是受苦难的农民。如下之琳认为自己的《断章》在这里表现相对相衬、相通相应的人际关系,而李健吾却说:"还有比这再悲哀的,我们诗人对于人生的解释?都是在装饰:'明月装饰了你的窗子,你装饰了别人的梦'。"虽不符合作者的原意,但并不冲突。不仅不会损害作品的价值,反而丰富了作品的内涵。

三是与文本对话。接受美学家尧斯主张,阅读要关注"作品对我说什么,我对作品说什么"。作品中的人或以自己的经历演绎人生哲理,或以语言宣泄思想感情。对此,要以自己的审美标准、价值尺度作出判断。《宋定伯捉鬼》中的宋定伯不应为自己的欺诈行为感到羞耻吗?不应赞颂鬼的真诚吗?《项链》中的玛蒂尔德为了自己的尊严而活着,付出了十年的艰辛,难道仅仅是出于虚荣?其他如作品的语言、技巧等,我们都可论长道短,各抒己见。

四是与老师、同学对话。韩愈说:"师不必贤于弟子,弟子不必不如师。"面对文本,老师、学生都是读者,其地位是平等的,只是在知识、阅历上有多寡,能力水平上有高下。只要在民主、宽松、和谐的氛围里,进行自由、轻松、愉快的对话,那么,因为文本的未定性、空白点众多和教师与学生在认知心理结构、审美心理结构、气质、性格、阅读态度、阅读方式等方面存在着差别,读解结果就会有多种,这些结果只要是在尊重文本的前提下得出的,就不存在正确与不正确的问题,而只存在合理不合理的问题。所以说,其师未必然,弟子未必不然。要想尽可能读懂一部作品,师生之间必须展开交流与对话,而且往往会因此产生多种读解成果。在交流中构建更新颖、更深层的理解,在对话中获得意义的分享。如《祝福》中的祥林嫂死于何因?经过师生、同学之间的对话,可得出如下结论:丧夫丧子、众人的取笑、夫家的蹂躏、鲁四老爷的鄙弃、柳妈的恐吓、"我"的支吾、她自己的愚昧、饥寒交迫一起"一步步地把她往死里赶"(丁玲语)。相比之下,老师照《教学参考书》说的"封建礼教吃人"则显得干瘪、苍白。

《内蒙访古》我已教过三遍,虽然每次教法各异,但思路都是请君入瓮,把学生的理解引导到教学参考书的分析上。这次我按接受美学的观点和普通高中《语文课程标

---

[1] 中央教育科学研究所,编.叶圣陶语文教育论集(上)[M].北京:教育科学出版社,1980:261.

准》的要求,告诉学生阅读时既要把握作者的观点,又要有自己的见解,将"作者对我说什么,我对作者说什么"结合起来;不能一味说"好",应多说几个"不",才能创新。我又举了对《宋定伯捉鬼》中的鬼、对《葫芦僧判断葫芦案》中的贾雨村需要重新评价的例子,要学生对作者称颂赵武灵王因修长城而成为一个"英雄"和昭君出塞是出于"自愿"的问题展开讨论。话音刚落,学生们发言踊跃,各抒己见。他们认为:

  赵武灵王修长城,一开始就把胡人当成敌人,从心理上进行排斥,从而更人为地造成边疆的危机,而不是维持民族之间的团结。同时,这个屏障也阻隔了民族之间经济、文化的交流。正如散文家鲍昌在《长城》中说的:"你是民族封闭的象征,长城!""文化愚钝的象征"。在中国历史上,长城几修几毁,但大清帝国就不修长城。余秋雨在《文化苦旅》中提及,康乾盛世时有人建议修复长城,但清帝说:我难道不是从长城那边来的吗?可见,真正的长城不在边疆而在人民的心中。

  王昭君由一个民女入选进宫,作为一个宫女,她实现人生价值的唯一途径就是得到皇帝的宠幸。但大多宫女是十六进宫、六十老死也见不到皇帝,如杜牧在《阿房宫赋》中说的,"有不得见者三十六年。"《西京杂记》里记载皇帝让画师毛延寿替宫女画像,然后自己从中挑选。一些宫女为了得到皇帝的宠幸,纷纷贿赂毛延寿,只有长得最美的王昭君不愿。于是,毛延寿故意在她的画像的面部留下一墨点。与其老死宫中,不如远嫁他乡来实现人生价值。可见,昭君出塞不是自愿的,而是被逼的,她是封建宫廷制度的一个牺牲品。昭君出塞是为了避免战争,在某种程度上说,她像《触龙说赵太后》中的长安君,充当的是人质的角色。如果两国关系交恶,遭殃的首先是她。她出塞前不可能不意识到自己只是汉和匈奴之间政治较量的筹码。另外,不仅仅是离别故国家乡,更由于那里生活艰辛且野蛮落后。昭君出塞犹如上海的摩登女郎嫁到了几内亚的土著部落。据说单于死后,按当地风俗,她又被迫当了单于儿子的妻子。可以推想,这对在儒家文化熏陶下长大的她来说简直是无法接受的。正如王安石在《明妃曲》中写的,"千载琵琶作胡语,此恨分明曲中论。"昭君墓不是一座纪念碑,而是一座压在一个不幸灵魂身上的功烈牌坊。

  我们肯定会为学生们读书之多而感叹,为他们的新见而惊奇。我告诉学生写古是为了喻今,文章的作者翦伯赞、老教材的编者都把赵武灵王修长城、昭君出塞归结到爱国主义、民族团结的主旨上,是因为1961年前后,我国工农业生产遭受挫折,作者借写这篇游记希望全国各族人民团结友好,以加强民族凝聚力。作者、编者没错,我们也没错。

正如义务教育《语文课程标准》指出的,要让学生在交流和讨论中,敢于提出自己的看法,作出自己的判断,"学生对语文材料的反应又往往是多元的。因此……应尊重学生在学习过程中的独特体验。"[①]显然,如果能积极主动地展开多种形式的对话,进行交流和沟通,共创共享。文本的意义就会在读者确定未定、填补空白时得以发掘、丰富,读者就会在阅读文本时得以自我实现与升华。

当然,在实际操作中,多主体的交流与对话容易导致读解的随心所欲,教学的放任自流,这既不利于教学任务的完成,也不利于学生的发展。所以,要体现师生、生生间的主体间性的关系,在交流、对话时,既要摒除在倡导"教师权威"、坚持"知识本位"和宣扬"精英主义"的价值取向影响下的以教师、讲台为中心,以课本、教参为中心以及师讲生听、师问生答的教与学的传统方式,又要组织指导学生采用(如图6-2)义务教育和普通高中《语文课程标准》所强调的要实行自主、合作、探究的教学方式。在这种课堂教学方式中,教师必须做到以下四点。

一是转变观念。首先,要树立正确的教师观。威廉姆·多尔将教师的角色界定为"平等中的首席"[②],他认为教师的作用应从外在于学生转向与情境共存。教师是内在情境的领导者,而不是外在的专制者。其次,要树立正确的学生观。要把学生当成积极、主动的人,不要当成消极、被动的客体。要把学生当成在人格、尊严上和自己平等的人。在教与学的过程中,师生间只存在知识、能力的高低之别,组织者与学习者的角色之别。只有从心底根除师道尊严的陈旧观念,才能改变耳提面命的传统教法,真正建立起自主、合作的师生关系。

二是创设情境。马克思说:"忧心忡忡的穷人甚至对最美丽的景色都没有什么感觉;贩卖矿物的商人只看到矿物的商业价值,而看不到矿物的美和特征"[③]。穷人为生活所迫,商人为实利所囿,从而失去了审美感知力。同样,人们悠闲地在甲板上观赏雾

---

① 中华人民共和国教育部,制订.全日制义务教育语文课程标准(实验稿)[S].北京:北京师范大学出版社,2001:2.
② 陆有铨.躁动的百年——20世纪的教育历程[M].济南:山东教育出版社,1997:173.(周小山,主编.教师教学究竟靠什么——谈新课程的教学观[M].北京:北京大学出版社,2002:55.)对作为教学的交往与一般的社会交往的区别,可供参考。此书认为教学中的交往具有以下特点:a. 从交往的目的看,教学交往是有目的的、自觉的活动,它的目标主要指向促进学生的全面发展,而在这一过程中教师获得发展,是由这一目标派生出来的"产品"。b. 从交往的主体看,学生与教师都是活动的主体,他们在人格、权利和自主性方面是"平等"的,但在信息的拥有和交往中的作用方面却又是不"对等"的。c. 从交往的内容看,其主题是被"规定"了的,具有"规范"意义的,因此,教学的交往是以教材为"话题"的师生相互作用。d. 从交往的结构看,这种交往常常是有计划的、相对"有序"的,或者说,是被精心组织起来围绕一定目标而展开的)
③ 黄楠森,等,主编.马克思主义哲学史(第1卷)马克思主义哲学的形成(修订版)[M].北京:北京出版社,2005:352.

海,能感受其缥缈神秘。如果航船即将颠覆,除急切地逃生外,是无暇欣赏雾海的美妙的。可见,阅读文学作品,必须有超脱实利的观点,必须摆脱精神上的压抑。心理学家马斯洛将人的需要分为逐层递进的五个层次:生理需要、安全需要、归属与爱的需要、尊重的需要、自我实现的需要。为了在教学中满足学生的自我实现需要,必须让学生保持自由、轻松、愉快的心境,创设民主、宽松、和谐的氛围。所以,涉及到讨论、交流时,座位不能再是秧田型的,要按小组重排成马蹄型、马蹄综合型、半圆型、圆型等。平时也要通过各种渠道,采用各种方式,建立一种融洽、和谐的师生关系。这样,上课时学生才愿主动参与,敢于发言、交流,从而获得理解与沟通,获得精神的交流和意义的分享。

　　三是承认差异,激发多解。前面已提及,文本的特点和学生的差异,造成读解结果的不一致。如前所述,《祝福》中祥林嫂的死因是未定的。有教师让学生撰写、互评《祥林嫂的死因报告》,就是要激励学生自觉参与,积极读解,大胆质疑,各抒己见,通过组内讨论、组际交流,共创、共享。当然,教师在备课时要充分估计学生可能对未定性、空白点熟视无睹。如文中祝福反复出现的作用是什么?鲁四老爷书房里的对联的另一半是什么?祥林嫂为什么没有自己的姓名?她嫁给贺老六后为什么别人还叫她祥林嫂,而不叫她贺六嫂?她为什么不回娘家?教师要适时口头点拨提请注意,或在阅读时印发问题,引发思考,让学生发掘、填补。教师也要发表自己的看法,提供其他人的观点。叶圣陶说:"口耳授受本是人与人交际的通常渠道之一,教师教学生也是人与人交际,'讲'当然是必要的"。但是"老师不是来讲书的,尤其不是来'逐句逐句地翻',把文言翻为白话,把白话翻为另一个说法的白话的。他的任务在指导学生的精读,见不到处给他们点明,容易忽略处给他们指出,需要参证比较处给他们提示。当然,遇到实在搅不明白处,还是给他们讲解。"[①]因为"对于学生来说,他可能注意到作品的故事而忽略了结构,他可能注意到语言而忽略了意象,他可能注意到语词的本义而忽视了引申义,他可能注意到语言能指和所指的吻合而忽视了能指和所指的背离,他可能注意到表层意义而忽视了深层意义,等等。"[②]教师就要针对这种情况,深入地剖析作品,将学生对作品意义的理解不断引向深入。例如,在教学《季氏将伐颛臾》时,我问学生:子路、冉有"两人同来,而夫子只责冉求",为什么?我介绍了二人在年龄、职位、性格三方面的差异,并联系《品书四绝》《四书章句集注》《史记》《论语译注》《论语正义》等著作

---

① 中央教育科学研究所,编.叶圣陶语文教育论集(上)[M].北京:教育科学出版社,1980:153、183.
② 王纪人,主编.文艺学与语文教育[M].上海:上海教育出版社,1995:130.

中的记载、阐述,引导学生深入理解孔子的因材施教原则①。

四是存异求同,控制进程。对于学生的多种读解结果不要轻易否定,存同不必伐异。朱绍禹说:"对于灵机一动的想法,教师不要不屑一顾;对于出乎意料的想法,不要有先入之见;对于不恰当的想法,不要轻易否定。"②一方面,要采用多种评价方式。因为自评,往往"不识庐山真面目,只缘身在此山中";他评,是因为"横看成岭侧成峰,远近高低各不同";评他,是因为"他山之石,可以攻玉"。只要不是脱离文本的误读,只要合理,姑且存之。另一方面,运用多种评价标准。这一点将在后文论及。学生的创新多处于个体创新、群体创新的水平,难以达到社会创新的水平,但教师也应积极评价。如卞之琳的《断章》,关于这首诗的类别,有同学说是哲理诗,有同学说是爱情诗。关于其中的哲理,有同学说反映了任何事物都处在相对互依的状态中,有同学说反映了人生的悲哀,因为任何人都成了别人的装饰、陪衬等等。学生的歧见,别人早已争论过。我告诉学生,评论家李健吾主"装饰"说,诗人自己倡"相对"论,大家和大评论家、大诗人想到一块儿去了。这样,就让学生体验到一种成功的愉悦。求异,不是无休止地争论;存同,是为了有一个理解的参照。师生、生生间要容存互识(多样性),保持共识(一致性)。所以,教师在组织教学时还要注意两点:一是要适时小结,确保备课时根据作品的规定性、理解的一致性所确定的教学目标的实现。二是要随时监控,使得教学在灵动中进行,确保教学任务的完成。

另外,学生也应自觉参与,积极思考,大胆质疑,不人云亦云,也不故发偏激之辞。要善于与人合作、交往,要反省自己的、尊重他人的见解。因为对话是心灵之间的互相开放与交流,而非"你说""我说""他说"的简单相加和浅层的碰撞。

总之,如果认识到师生之间的主体间性关系,开展多向的交流、对话,并相应地运用自主、合作、探究的教学模式进行文学阅读教学,那么可发挥学生的主观能动性,培养学生良好的个性,激发其创新精神,也让学生学会了怎样与人合作、交往,也有利于民主、平等的新型师生关系的形成,促进师生可持续的协同发展。

---

① 张心科.试析孔子只责冉有[J].语文知识,2002(6):8.
② 朱绍禹.文学教育值得重视[J].语文学习,1998(19):11.

第七章

从接受美学看中学文学类作品的研究性学习

研究性学习是指教师创设一种情境,让学生主动地进行探索、发现和体验,从中学会对大量的信息的搜集、分析和判断,从而增进其实践能力和创新能力的一种类似科学研究的学习方式。广大语文教师对如何进行语文研究性学习做过一些探索、尝试。如将其种类分为实践类、综合类、文学类[1],将其步骤分为:提供材料——确定选题——搜选信息——撰写论文[2]。人民教育出版社2001年出版的高中《语文》(试验修订本)教材"说明"指出,要"培养(学生)研讨、评价文学作品的能力"。《普通高中语文课程标准(实验)》指出,"高中学生身心发展渐趋成熟,已具有一定的阅读表达能力和知识文化积累,促进他们探究能力的发展应成为高中语文课程的重要任务。应在继续提高学生观察、感受、分析、判断能力的同时,重点关注学生思考问题的深度和广度,使学生增强探究意识和兴趣,学习探究的方法,使语文学习的过程成为积极主动探索未知领域的过程。"[3]学生从初中到高中在课内外阅读了大量的文学作品,已具备了相应的知识和能力。学生的思维也已达到相当的水平,其思维具有更大的组织性、深刻性和批判性,独立思考的能力得到高度发展[4]。所以,可让学生在课内研究性阅读的基础

---

[1] 邓彤."语文研究性学习"方案示例[J].中学语文学教学参考,2000(12):17.
[2] 张心科.谈"新"三题[J].教学研究,2002(9).
[3] 中华人民共和国教育部,制订.普通高中语文课程标准(实验)[M].北京:人民教育出版社,2003:2—3.
[4] 朱智贤.儿童心理学[M].北京:人民教育出版社,1993:548.(周庆元.中学语文教学心理研究[M].湖南:湖南师范大学出版社,1999:25.中也指出:"有关研究表明,初中二年级到高中二年级是中学生智力发展的关键时期。青少年的思维开始从经验型走向理论型。他们逐步摆脱对感性材料的依赖,应用理论来指导抽象思维活动,发展了思 （转下页）

进行课外专题研究性学习。

一、文学作品研究的一般方法

那么,如何进行文学类研究性学习呢?我们可以借鉴学者们常用的几种研究方法,下面以《红楼梦》研究为例分别来谈:(一)文献学。侧重作品版本的考订、字词的校勘等。如魏绍昌的《红楼梦版本小考》、蔡义江校注的《红楼梦》等。(二)传记学。视作品为作者自传,将作者的生平、事迹与作品中的人、事比附。如胡适的《红楼梦考证》、周汝昌的《红楼梦新证》等。(三)社会学。视作品为作者的思想录,作品成了作者阶级地位、思想观念的指代符号。如蔡元培的《石头记索隐》主民族主义说,蓝翎、李希凡的《红楼梦评论集》倡阶级斗争说等。(四)文化学。专注作品中的文化因素。如研究《红楼梦》中的儒、释、道、五行、太极、管理、经济、教育、园艺、饮食、服饰等。(五)比较学。将作品的整体或局部与其他作品比较。如将《红楼梦》与《金瓶梅》比较,与《再生缘》比较等。这五种方法对研究作品都有借鉴价值。但要真正把握《红楼梦》的意义,必须关注作品本身的主旨、思想、感情、形象、语言、结构、技巧等,必须关注从古代"脂砚斋们"的评点到当代红学家们的鉴赏文字。也即第(六)种研究方法——接受史研究。这是指导学生进行文学类研究性学习的主要方法,与前五种相比显得更容易(资料容易搜集),更有益(多角度、多层面理解作品),更能创新(常能发现别人未涉及之处)。

二、中学文学作品研究性学习

接受美学家姚斯说:"第一个读者的理解将在一代又一代的接受之链上被充实和丰富,一部作品的历史意义就是在这过程中得以确定,它的审美价值也是在这过程中得以证实。"[①]"衡量一部艺术作品的现时效果时,必须参照早先人们对该作品的经验史,并且在效果和接受的基础上形成审美判断。"[②]因为文学文本是一个存在众多未定

(接上页)维的深刻性,出现了思维的独立性和批判性。"义务教育和普通高中《语文课程标准》提倡采用"自主、合作、探究"的学习方式。"学习探究性阅读和创造性阅读,发展想像力、思辨能力和批判能力"。高中第6册语文《教师教学用书》(人民教育出版社,2002年版)"说明"也要求学生"研讨、评析文学作品的思想内容、艺术特色"。可见,不论从学生的自身实际,还是从教学的具体要求来说,都有开展文学类研究性学习的必要性和可能性)

① H·R·姚斯,R·C·霍拉勃.接受美学与接受理论[M].周宁,金元浦,译.沈阳:辽宁人民出版社,1987:25.
② H·R·尧斯.审美经验与文学解释学·作者序言[M].合肥:安徽大学出版社,1998:2—3.

性、空白点的开放结构,不同时代的不同读者的情况千差万别,其读解往往是从某一角度出发读出文本的某一方面的意义。所以,要尽可能深入、完整地把握作品的意义,必须在阅读文本的基础上比较、综合不同时代的不同读者、同一时代的不同的读者的读解成果。甚至且可能在此基础上能见人未见,发人未发,取得创新成果。陈文忠曾把接受史研究分为以普通读者为主体的效果史研究、以诗评家为主体的阐释史研究、以诗人创作者为主体的影响史研究①。

一是效果史研究。效果史是研究作品声誉的高低,读者反应的强弱。姚斯曾比较过福楼拜的《包法利夫人》及友人费多的《范妮》不同的接受际遇。《包法利夫人》因写了一个女人通奸而招致了一场有碍风化的诉讼案,因其非个性化的叙述形式而让当时的读者不忍卒读。《范妮》因采用流行的主题、花哨的语言而一年发行了十三版。多年后,《包法利夫人》声名远扬,《范妮》却销声匿迹。通过效果史的研究可以探寻文艺风气和审美趣味的演变轨迹。让学生对此进行考察,难度很大,意义却不大。我们没有必要,也不可能让学生考察出陶渊明的诗、张若虚的《春江花月夜》被当时冷落而被后世推崇的命运。

二是阐释史研究。历代读者对作品的主旨、思想、感情、形象、语言、结构、技巧等方面进行过多种阐释。他们常各执一端,得一隅之见。如果能对比、综合,就会对作品的意义理解更全面、更深刻。另外,我们从别人的阐释中也能学习到许多的鉴赏方法。姚斯说:"前人遗留下来的问题,为后继阐释者创造了机会。后来的阐释者不能完全抹杀前人在本文中找到的对他的问题的回答。阐释历史中问题与回答的内聚力首先由丰富理解的范畴所决定(不管是取代还是发展,重点的转移还是重新解释);其次才是可证伪性逻辑。如果前人的阐释可以证伪,那这种阐释大多不是历史或客观的'错误',而是阐释者提出的问题错谬或不合情理。"②发现别人解释的不合情理是一种创新,回答了别人的提问也是一种创新,发现并回答了别人未曾发现、阐释的问题更是一种创新。如果在课内完成了《林黛玉进贾府》阅读教学,就可引导学生在课外对此进行专题研究。冯其庸纂校的《八家评批红楼梦》(文化艺术出版社,1991年版)、朱一玄编的《红楼梦资料汇编》(南开大学出版社,2001年版)中有关这一回汇聚了十几家的评论文字,内容涉及作者的用心、人物性格分析及作用的提示、情节的构筑方式及在全书中的作用、语言的内涵、笔法的虚实、详略、衬映、正反等等。可指导学生搜罗各家(包

---

① 陈文忠. 中国古典诗歌接受史研究[M]. 合肥:安徽大学出版社,1998:14.
② H·R·姚斯,R·C·霍拉勃. 接受美学与接受理论[M]. 周宁,金元浦,译. 沈阳:辽宁人民出版社,1987:229.

括当代)的观点,先进行分类,再对比、综合,然后写成一篇篇的小论文。如宝黛相会时,宝玉对黛玉的三句问话及行为。古人云:"问得奇!"①那么,奇在何处? 今人王蒙说:"莫名其妙。没有道理可讲。"②那么,道理何在? 他们的疑惑、发问之处,往往是我们研读、创新之处。如果能结合整部小说、各家观点,则可以发现这三问体现了宝玉男女平等意识:一、权利平等。宝玉初见黛玉便问"妹妹可曾读书"的用意。因为在封建社会,读书几乎是男人的专利。富贵人家的小姐也只读读《孝经》《女诫》之类,以便将来更好地恪守"妇道""孝道",或者就像贾母说的:"只不过是认得两个字,不是睁眼瞎子罢了。"如果结合宝玉说的"除《四书》外,杜撰的太多"和之后他俩共读《西厢》的情节,便可发现,他这一问是想知道黛玉是否像自己一样无意于"子曰诗云"而爱读至情至性之书,即接受真正的"人"的教育,享有和男人平等的权利。二、人格平等。他问黛玉"表字",是因为在封建社会,一般只有男人有字,"男子二十冠而字"(《礼记》)。女人一般是没字的,有时连名都没有,《红楼梦》里常见丈夫叫某某,妻子就叫"某某家的"。宝玉问字、取字是希望黛玉拥有和男人一样的平等人格。三、地位平等。宝玉既代人又指物,"至贵者宝",宝玉其人是贾府未来的主子,宝玉其物被视为"罕物",可见其地位的特殊。他问黛玉:"可有字没有?"听说没有后他摔玉,他骂玉"不择高低",其实是在鞭挞、诅咒自己这块"浊物"和这男人的世界,即希望"心较比干多一窍"的黛玉,能从他被别人视为"似傻如狂"的举动中体会到他渴望男女平等的心声。对于这几问体现了贾宝玉的男女平等意识这一新说,有人会认为贾宝玉肯定是无意的,但我想曹雪芹一定是有心的③。

　　三是影响史研究。姚斯说:"一部文学作品,即便它以崭新面目出现,也不可能在信息真空中以绝对新的姿态展示自身。"④即每一后人的创作,对前人的作品有摹仿、借鉴,又有超越、创新,他们是一种影响与被影响的关系。尤其是在同一题材或同一流派的作品中,这种关系极为明显。如历代田园诗、现代的"荷花淀派"作品等。如果能将这一类作品放在一起参比异同、显其优劣,不仅能提高鉴赏能力,而且能学会许多写作方法。可见,文学类研究性学习,应关注阐释史和影响史的研究。

　　开展文学类研究性学习还要注意两点:(一)处理好师生关系,确立好选题的可行性。要强调学生的自主实践,自己去图书馆、登陆网站查寻资料,自己去走访专家,自

---

① 冯其庸,纂校. 八家评批红楼梦[G]. 北京:文化艺术出版社,1991:74.
② 王蒙. 红楼启示录[M]. 北京:生活·读书·新知三联书店,1991:15.
③ 张心科. 贾宝玉的男女平等意识[J]. 中学语文教学,2000(4):30.
④ H·R·姚斯,R·C·霍拉勃. 接受美学与接受理论[M]. 周宁,金元浦,译. 沈阳:辽宁人民出版社,1987:29.

己处理资料,撰写论文。教师要适当加以组织、指导,在选题上最好要求能与课内教学相关,最好小而新,如"走进苏轼""红楼梦研究""中国古典文学在国外的流传和影响""宋代理趣诗兴盛的原因"等,这往往是成百上千的学者穷一生之力都难以完成的,让一批年轻的学生在短短一两个学期内完成,太不切实际。另外,教师还应组织好平时的讨论、交流与结题、答辩活动。将学生的小论文在校内展出或推荐给报刊发表等。

(二)落实大纲和课程标准中的相关要求,改变观念,合理评价。文学类研究性学习在有些地方是很难开展的,有些教育者观念落后陈旧,认识不到研究性学习在提高学生发现问题和解决问题的能力、增强其学会分享与合作的意识、培养其科学态度和科学道德等方面的作用,反而认为会影响平时的教与学。有些学校教学设备落后,仅凭教材、教辅资料进行教学。一般在评价教师、学生时也并未量化研究性学习的成果。新的《全日制义务教育语文课程标准(实验稿)》指出,"学校和教师要对学生的语文学习档案资料和考试结果进行分析。"[1]这些有待认真落实。

---

[1] 中华人民共和国教育部,制订.全日制义务教育语文课程标准(实验稿)[S].北京:北京师范大学出版社,2001:19.

第八章

从接受美学看中学文学教育的考评方式

误读与创读是文学文本阅读过程中常见的现象,前文已多次提及。那么,它们是怎样产生的?又有何积极意义?对中学文学教育的评估、考查方式又有何启发呢?本章试仔细分析。

一、中学文学教育的评估方式

我们从阅读文学文本中常出现的误读和创读谈起。

首先看误读问题。

文学文本中的语义、句法、结构、意境等存在的未定性与空白点星罗棋布,加上读者的认知心理结构与审美心理结构千差万别,这样读者在不断确定作品中的未定性、填补空白点,使作品中的创作意识具体化、现实化时,就产生了见仁见智、曲解原意的误读现象。

误读现象在中外文学史上已屡见不鲜。欧阳修云:"昔梅圣俞作诗,独以吾为知音,吾亦自谓举世之人知梅诗者莫吾若也。吾尝问渠最得意处,渠诵数句,皆非吾赏者。以此知披图所赏,未必得秉笔之人本意也。"[1]揭示出了读者理解与作者本意的乖

---

[1] 欧阳修.集古录跋尾·唐薛稷书[M].北京:人民美术出版社,2010:123.

戾。又如曹雪芹在《红楼梦》开卷第一回标明自己的创作主旨："编述一集，以告天下人：我之罪固不免，然闺阁中本自历历有人，万不可因我之不肖，自护己短，一并使其泯灭也。"即记录大观园众儿女的身世际遇，歌颂她们才高情真。但是，"单是命意，就因读者的眼光而有种种：经学家看见《易》，道学家看见淫，才子看见缠绵，革命家看见排满，流言家看见宫闱秘事……"①文革学者看见阶级斗争。人物有"一千个读者有一千个林黛玉"之说，诗词更有"可怜无人作郑笺"之叹。又如曹禺谈《雷雨》（人民教育出版社、高中《语文》第四册）的创作时说：回忆起几年前提笔的光景，自己并没有明显地要匡正、讽刺或攻击什么，动笔前只有"一两段情节，几个人物，一种复杂而又原始的情绪"②。但有人认为中间有一个命运模式：

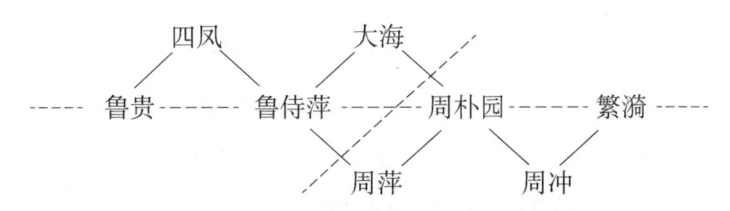

图 8-1 《雷雨》主要人物关系图

斜虚线使两个家庭分属两个阶级，横虚线使他们分属两个世界。"虚线两边的人物要发生什么关系，中间都会有命运的魔障在那里横亘着，使两者之间没有通路，而硬要趟过去，则无异于飞蛾扑火。""这个命运悲剧中，渗透着作者对那种无从得见的神秘力量的思索，和对偶然性的困惑。"③这种模式的建立和诠释，和教材中提及的"暴露封建大家庭的罪恶"一样，是作者意想不到的。他曾慨叹批评家（读者）："了解我的作品比我自己要明切得多"，"要我来解释自己的作品我反而是茫然的。"④所以，有意识地误读不仅不会损害作品的价值，反而丰富了作品的内涵，同时也可能使作者深化或修正自己的看法。如对待周朴园在和鲁侍萍同居时是否真爱她这个问题，曹禺曾用过"玩弄"（1962 年）⑤、"糟蹋"（1978 年）⑥等词语。随着学者们对《雷雨》研究的深入，作者又否定了自己的说法，他在 1980 年同中学教师谈《雷雨》时却说："周朴园基本上不是一个太胡闹的人；侍萍知书达礼，聪明伶俐，年轻漂亮，贤惠体贴；周朴园不是诱奸她，而

---

① 鲁迅．集外集拾遗补编·《绛花洞主》小引[M]．北京：人民文学出版社，1993：141．
② 曹禺．雷雨·序[M]．北京：人民文学出版社，1994．
③ 李美皆．命运的困顿与人性的挣扎[J]．名作欣赏，2000(1)：27．
④ 曹禺．雷雨·序[M]．北京：人民文学出版社，1994．
⑤ 同上注．
⑥ 同上注．

是对她产生了真正的爱情"。①从曹禺的本意和读者的理解可以看出,"作者之用心未必然,而读者之用心何必不然。"②就像作家余华说的,文学就是这样,它讲述了作家意识到的事物,同时也讲述了作家没意识到的事物。所以,应看到这种有意识误读的合理性。

需要指出的是,虽然允许误读,激发阅读兴趣,但要警惕因臆读而落入玄想的泥淖。接受美学家伊瑟尔以北斗七星喻文本,说有人见出犁形,有人见出勺形,但我想人们绝不会见出盘形。也即文本作为一种图式结构,本身有一种规定性。"审美效应理论的一个主要缺陷是把本文牺牲于理解的主观随意性中。"作品的意义实现既非完全在于作品本身,亦非完全在于读者的主观性,而在于双向交互作用的动态构建。也即一方面要充分了解作品的特征及规律,另一方面要对作品中的隐喻、暗示积极主动地参与读解,做到"作品对我说什么,我对作品说什么"的有效结合。

误读不等于读误,"'误读'的前提,是读法的正当性,也就是说,尽管最终的理解未必与文本契合、尽管对同一文本可能产生几种不同的理解(阐释),但它们都是可接受的。而'读误',是不可接受的,需要教学来'纠正'。'纠正',当然不是给出'正确的答案',而是指纠正学生不正确的读法。"③如有学生读解《断章》,认为这首诗写得一点也不好,明月怎么可能装饰了窗子?月光吧?也不可能,世上只有激光经过15万公里依然不分散,月光是散射啊!另外,第一句8个字,第二句9个字,第三句8个字,第四句又9个字,绝句不像绝句,律诗不是律诗,题目叫《断章》,总得按"章"办事吧。这就是读误,而不是误读,因为他用的是科学的眼光,而不是文学的眼光,他是用古典诗的形式标准来衡量白话诗歌。

有意识地误读,在课堂教学中合理地运用,既有利于学生发散思维习惯的形成,也有利其健康个性的养成。如教学孙犁的《黄鹂》(人民教育出版社,高中《语文》第二册)可让学生展开想象和联想,对比感知在动荡不安、危机四伏中带有惊惶的情态、凄厉的叫声的黄鹂,与在和平、安全的环境中"美丽到极致"的黄鹂。再讨论文章结尾处"典型环境中的典型性格"一句的涵义。有同学说:黄鹂在不同的生活环境里,表现出不同的生活情态,进而推论任何事物都应有安全、自由的生活空间,并涉及沙尘暴、水污染等生态问题。有同学说:人才的成长需要一个宽松的社会环境,应筑巢引凤,让人才充分发挥自己的才智。有同学说:文学作品中环境的营造,决定着性格的塑造。如

---

① 朱栋霖.论曹禺的戏剧创作[M].北京:人民文学出版社,1986:25.
② 谭献.复堂词录序[M].北京:人民文学出版社,1959:360.
③ 王荣生.语文科课程论基础[M].上海:上海教育出版社,2003:233.

《伤逝》中子君、涓生的生活环境是提倡个性解放、婚姻自由的"五四"时期,而当时的封建制度、封建礼教,没有提供其发展的可能性,结局也只能是悲剧。这就是典型的环境中的典型性格。在学生各抒己见后,可引导学生注意副标题——"病期琐事",发表时间——"1960年左右",作者当时心态——"目前为文,总是思前想后,顾虑重重。环境越来越'宽松',人对人越来越'宽容',创作越来越'自由',周围的呼声越高,我却对写东西,越来越感到困难,没有意思,甚至有些厌倦了。"[①]可见,作者不是身病,而是心病,创作此文的目的是呼吁根除政治斗争造成的人人自危的局面,为作家及一切人才的成长、发展营造一个安全自由的社会环境,让他们充分展示自己的聪明才智。学生的阅读显然是一种误读,但在各执一端中迸发出闪亮的思想火花,充分张扬着个性色彩。这是符合《全日制普通高级中学语文教学大纲》中的教学要"发展健康个性,形成健全人格"的要求[②]。高中语文《教师教学用书(第三册)》(人民教育出版社,2000年版,第14页)对此也有所说明:"承认文学鉴赏中的差异性,也要承认欣赏者的理解可能超过或有别于作者的原意。""文学作品的鉴赏没有统一的'标准答案',而具有某种未定性和模糊性。因此课文鉴赏说明仅供教师备课时参考,并不是唯一的'答案'。教师在教学中,完全可以按照自己对作品的理解进行讲授。"

其次看创读。

误读是相对于作者的本意而言的,而创读是相对于作品作为一个客体及其他读者的见解而言的。一方面,读者在阅读时,运用想象和联想对作品中的语义、句法、结构、意境等之中存在的未定性的确定、空白点的填补来重构原作,使之呈现万千姿态,这本身就极富创造性。另一方面,美国教育心理学家格鲁弗和布鲁宁认为,创造性最重要的特征是新颖和有价值,而这两个特征根据不同的参照系会有不同的评价:一是个人参照,二是同等群体参照,三是社会参照。据此,他们提出人的创造性可分为三种水平:个人水平(指某一行为对自己来说是新颖的、有价值的),同等群体水平(指某一行为对同等群体来说是新颖的、有价值的),社会水平(指某一行为对全社会、全人类来说是新颖的、有价值的)[③]。参照他人的见解,能见人未见、发人未发更是创造。如《祝福》中的祥林嫂徘徊于婆家与鲁镇之间,她为什么不回娘家,为自己寻找一个栖身之所,为心灵寻找一个避风的港湾呢?这可以说是小说给读者留下的一个空白。我联系当时宗法制度下的家庭关系并结合作品分析认为:(一)父家不想其归,(二)夫家不允其

---

① 孙犁. 芸斋琐谈[M]. 北京:新华出版社,2015:230.
② 中华人民共和国教育部,制订. 全日制普通高级中学语文教学大纲[S]. 北京:人民教育出版社,2002:2.
③ 段继扬. 创造性教学通论[M]. 长春:吉林人民出版社,1999:13.

归,(三)自己不愿归①。又如《红楼梦》中人物命名多用谐音,寓意是不确定的。贾雨村,名化,字时飞。脂砚斋将其解读为"假话""是非",而认为他是一个趋炎附势、见风使舵、寡情、狠毒的小官僚。我从他的出身、外表、学识、志向、才干等方面及他的痛苦经历、两难境地分析,认为"贾雨村这只豹子失去了梦中的森林,随之失去了攻击性,而蜕化(贾雨村,名化)成走狗和绵羊……他再也不会腾跃如飞(贾雨村,字时飞),只能对上俯首帖耳,对下作威作福。"②这两篇解读文字被列入"新视角""人物新说"栏,是因为运用发散、逆向等思维方式,写出了一点新意。

  《全日制高级中学语文教学大纲》要求"要重视发展学生的思维能力,尤其是创造性思维能力","注重培养创新精神","重视培养发现、探究、解决问题的能力"③。所以,在进行文学作品教学时,应鼓励学生"对课文进行阐发、评价和质疑",积极进行创读。如《项链》中的玛蒂尔德是虚荣,还是自尊;是应该批评,还是值得同情;作者是以此揭露资产阶级腐朽思想对人们的毒害,还是感到命运之神主宰一切,任何个人无能为力。而对这些未定性,都可提出自己的看法,不囿于"习题""教参"中的陈见。玛蒂尔德在得知项链是假的后,故事该怎样发展:她因受了强烈的刺激,在悔恨和自责中死去;她发疯了,撞在一辆飞驰的马车上,车上正是来找还给她多余钱的佛莱思节夫人,她死在女友的怀里,眼睛都没闭上;她出于自尊,拒绝承认项链是假的;佛来思节夫人又说自己是开玩笑的,当年借的确实是真的;她拿到找还的钱买了一串真项链,重新参加舞会,巧遇昔日债主……面对这个空白点,学生们奇思异想,新见迭出。

  "就文学作品而言,只要所提问题是为了从本文出发的阐释而进行的初级理解,那么,问题就是合理的。易言之,只要所提问题可以作为理解本文的一种新答案,并不是一种偶然的答案,那么,问题就是合理的。一个非偶然性的回答要求这种回答的意义在本文中言之成理、持之有据。"④可见,(一)教师切不可视之为怪诞,应积极评价其创新精神和创新成果。正如义务教育《语文课程标准》所说的,"重视对学生多角度、有创意阅读的评价。"⑤普通高中《语文课程标准》的"阅读与鉴赏的评价"指出,"要重视评价学生对作品的整体把握,特别是对艺术形象的感悟和文本价值的独到理解,鼓励学生的个性化阅读和创造性的解读。"⑥(二)文学作品阅读评价标准的确定,也要切合学生

---

① 张心科.祥林嫂为什么不回娘家[J].读写月报,2001(10).
② 张心科.被扭曲、被误解的贾雨村[J].读写月报,2002(2).
③ 中华人民共和国教育部,制订.全日制普通高级中学语文教学大纲[S].北京:人民教育出版社,2002:5,1,2.
④ H·R·姚斯,R·C·霍拉勃.接受美学与接受理论[M].周宁,金元浦,译.沈阳:辽宁人民出版社,1987:229.
⑤ 中华人民共和国教育部,制订.全日制义务教育语文课程标准(实验稿)[S].北京:北京师范大学出版社,2001:20.
⑥ 中华人民共和国教育部,制订.普通高中语文课程标准(实验)[S].北京:人民教育出版社,2003:23.

实际。

《全日制普通高中语文教学大纲》的"教学评价"中规定:"教学评价……要符合语文学科的特点,遵循语文教学自身的规律。评价要有利于引导学生重视积累、体验和感悟。""考试方式要多样化,避免片面追求客观化、标准化的倾向,要有利于学生独创精神的发挥","在评价时要尊重学生的个体差异"[①]。义务教育《语文课程标准》"评价建议"中规定,评价要"突出语文课程评价的整体性和综合性,要从知识与能力、过程与方法、情感态度与价值观几方面进行评价,以全面考察学生的语文素养。语文学习具有重情感体验和感悟的特点,因而量化和客观化不能成为语文课程评价的主要手段。应避免语文评价的繁琐化。"[②]"阅读评价要综合考察学生阅读过程中的感受、体验、理解和价值取向,考察其阅读的兴趣、方法与习惯以及阅读材料的选择和阅读量。重视对学生多角度、有创意阅读的评价。"[③]

二、中学文学教育的考查方式

下面,以古诗词鉴赏为例来谈考查方式。叶嘉莹认为,"中国的语文乃是以形为主,而不是以音为主的单体独文。在文法上也没有主动被动、单数复数及人称与时间的严格限制。因此在组合成为语句时,乃可以有颠倒错综的种种伸缩变化的弹性。"[④]这种语言的弹性,在古诗词中表现为语义含蓄、意象跳脱,从而呈现出丰富的"语义潜能",即内含众多未定性、空白处,所以说"诗无达诂"。如在高中第五册《语文(试验修订本必修)》(人民教育出版社,2001年版)中的《重新创造的艺术天地》一文中,谢冕认为,"由于诗歌形象的基本规律是以一代十,以少胜多,它极简约,极概括,因而留给欣赏者的联想空间就极宽阔。因为以极简约表现极丰富,读诗有时难免要'猜'……在诗离开了猜想的空间却可能意味着贫乏……从而需要欣赏者以自己的经验和思考来加以补充和阐发。"[⑤]高中语文第六册《教师教学用书》(人民教育出版社,2002年版)的"说明"也指出,"文学作品的鉴赏,没有统一的'标准答案',而具有某种未定性和模糊性……要充分调动鉴赏主体(包括教师和学生)的主观能动性。"考查以标准化形式出

---

① 中华人民共和国教育部,制订.全日制普通高级中学语文教学大纲[S].北京:人民教育出版社,2002:6.
② 中华人民共和国教育部,制订.全日制义务教育语文课程标准(实验稿)[S].北京:北京师范大学出版社,2001:19.
③ 中华人民共和国教育部,制订.全日制义务教育语文课程标准(实验稿)[S].北京:北京师范大学出版社,2001:20.
④ 叶嘉莹.关于评说中国旧诗的几个问题[A].中国古典诗歌评论集[C].广州:广东人民出版社,1982:111.
⑤ 谢冕.重新创造的艺术天地[A].普通高中语文(试验修订本·第5册)[M].北京:北京人民教育出版社,2001:44.

题,这固然是为了评分客观、阅卷方便。从试题适合测量的认知目标来看,一般适合测量"识记""理解""应用"和"分析"层次的认知目标,而无法测量"综合""评价"等层次的认知目标。尤其是让学生从命题者设定的四个选项中挑一个错的,以命题者一个人的见解去约束众多考生的思想,更难以反映出学生的情感体验和审美感受。不允许误读、创读,这既扼杀了学生的个性,也不符合古诗词自身的特点,更违背了文学鉴赏的规律[①]。2002年,高考语文文学鉴赏题已改为主观题形式考查,学生终于可以冲破藩篱,各抒己见了。虽然形式已改为论文式,但仅提问"折柳"是否关键,导致内容的开放性不够。考查的试题可按如下编制。

阅读下面这首唐诗,结合问题赏析:

江南春绝句

杜 牧

千里莺啼绿映红,水村山郭酒旗风。

南朝四百八十寺,多少楼台烟雨中。

明代翰林编修杨慎在《升庵诗话》(卷八)里说:"千里莺啼,谁人听得?千里绿映红,谁人见得?若作十里,则莺啼绿红之景,村郭、楼台、僧寺、酒旗皆在其中矣。"清朝人何文焕在《历代诗话考索》中对杨慎的意见作了反驳:"即作十里,亦未必尽听得着看得见。题云'江南春',江南方广千里,千里之中,莺啼而绿映焉,水村山郭无处无酒旗,四百八十寺楼台多在烟雨中也,此诗之意既广,不得专指一处,故总而命曰'江南春',诗家善立题也。"

请结合上述两则评论对《江南春绝句》意象、意境进行赏析。

总之,要了解文学作品的阅读中的误读、创读现象产生的原因,认识其合理性,相应地改变传统教学评价、考查方式,既重信度又重效度,激发学生阅读兴趣,培养其创新能力,尤其要落实义务教育《语文课程标准》中"文学作品阅读评价"所指出的,"根据文学作品形象性、情感性强的特点,可着重考察学生对形象的感受和情感的体验,对学生独特的感受和体验加以鼓励"[②]的要求。

【本节附记】:关于创造性阅读,在本部分的本章、第四章、第七章作了相对集中的

---

① 张心科.平时测评与人文关怀[J].安徽教育科研,2001(6).
② 中华人民共和国教育部,制订.全日制义务教育语文课程标准(实验稿)[S].北京:北京师范大学出版社,2001:20.

论述,其他各章也有所涉及。语文特级教师宁鸿彬在《怎样阅读分析文章》(开明出版社,1993年版)一书中提出了创造性阅读的六种方式,虽与拙著表述不尽相同,但颇具参考价值。兹录如下:一是审读。在阅读中注意读物的精妙之处,又注意其中值得商榷,甚至不足、不妥之处。二是补读。在原文的情节跳跃之处,意犹未尽之处,在符合原文创作意图的条件下,增添一些情节。三是改读。在深入领会作者的意图之后,试着用另外的材料、其他写法去"改造"一下。四是综读。就是同时阅读两篇或两篇以上既有区别又有联系的文章;注意研究它们的异同,找出它们的区别与联系。五是逆评。即在阅读文章时,朝着与习惯性思考方向相反的方向去思考、分析、评价、总结。六是发散。阅读时朝着不同的方向去思考问题,最后得出不止一个正确结论。】

实证研究篇

上一篇从理论上对接受美学视角观照下的文学教育进行了较为全面的分析论证。那么，如何运用接受美学理论进行文学教学设计？诗歌、散文、小说、剧本等不同文体的教学设计，从内容到过程、方法有什么不同？将接受美学理论运用到文学教学中的教学效果如何？如何运用接受美学理论去解读各种文学文本？如何从接受美学的视角去观察、评析他人的教学案例？本篇将采用实证的方法对这些问题进行初步的探索。

第九章

接受美学指导下的中学
文学教学设计

一、中学文学阅读教学设计应注意的问题

语文教学设计应是教师遵循正确的教育思想和语文教育规律,按照一定的教学目的和要求,针对具体的教学对象和教学媒体(课本、教参等),对教学的整个程序和具体环节、总体结构和相关层面所作出的预期策划。

上一编中我们已结合案例对接受美学、教育学、心理学的理论与教学实践作了多方面的阐述。需要指出的是,文学教育应从属而不能背离语文教学。接受美学因强调读者能动的反应,容易导致在进行文学阅读教学设计时过分追求过程中的主体性、结果的创造性,尤其是过分强调学生的"体验"。

"体验"一词,在九年义务教育《语文课程标准(实验稿)》中出现了 16 次,在普通高中《语文课程标准(实验)》中出现了 11 次。出现次数之多,可见关切之重。这可以说是对过去语文教学中以教师个人的详细分析代替学生群体体验的一个纠正。但我们在纠偏的同时往往过正,这是不利于新课标的实施,不利于平时教学的。如 2002 年第 10 期《语文教学通讯》中有一篇《体验语文:一种教学方法的解释》,文中提到词学名家唐圭璋的"体验语文法":"只见他老人家端坐在黑板前,一遍又一遍地将名篇诵读。'对潇潇暮雨洒江天,对潇潇暮雨洒江天,对潇潇暮雨洒江天……,这抑扬顿挫的吟诵

声,把我们渐渐地、静静地带入了美妙的诗境;然后,'柳永啊,他想啊,想啊,想啊……想什么呢？唐老未做一字解释,只让我们全班同学由着性子自己去想象,去补充。这种'教法',如今恐怕过不了'教学评估'大关,但当年我们委实获益良多,一个个青年学子都跟着唐老做了'美好的心灵的远游'",并发出时下语文教学"出不了大师级人物"的感慨[①]。语文教学确实要引导学生对课文做到身临其境,感受其美;设身处地,体味其情,即心理学家马斯洛所说的进入"完美心灵之邦"。上文所主张的仅是对所学内容方面的审美、情感体验。但是语文真要这么教,不仅过不了教学评估的关,更不能培养具有基本语文素养的公民,遑论高水平的"大师"。

首先,一味地体验,既不能全面落实语文教学目标的内容,也不符合语文教学的实际。黑格尔说:"在艺术里,感性的东西是经过心灵化了,而心灵的东西也借感性化而显现出来了。"[②]课文的内容多是感性的,包含着审美因素,渗透着情感成分,的确要借助体验"感性化"来"显现"。但教学目标,并非只此而已。主张体验的人一般会引用庄子的一段话:"筌者所以在鱼,得鱼而忘筌;蹄者所以在兔,得兔而忘蹄;言者所以在意,得意而忘言。"而语文教学的重点恰恰在"言",即要培养学生正确理解和运用祖国语言文字的能力。这种只重审美、情感体验的语文教学法,只适合大学里的人文教育,而不适合中小学语文教育。因为基础教育阶段强调语文学科中工具性和人文性的统一,强调语文教学的目标是发展学生的能力。包括审美、情感等内容性知识,只是语文教学的一部分。一味体验的提法带有复古(古人学习《四书》《五经》,是以修身、齐家、治国、安邦为目的,顺便学习了有关语文的技巧)和趋时(1997年开始的对语文教学进行批判而提出的标志性言论:"语文教育就是人文教育")的意味。另外,一味地体验也不切合语文教学的实际。这一点将在下文分析。像上文所提到的,上课时让学生一遍又一遍地读,一回又一回地想,学生确实也在体验,但是,这是课外阅读还是课堂教学呢？

其次,一味地体验,必然导致语文教学的盲目化、浅薄化。这种只重审美、情感体验的语文教学法,未见教师指导要学习什么,也未见教师分析所学的内容。教师虽曰引导,但形同虚设,教与学都是盲目的,最主要的是因为他们没有注意教师与学生在教学过程中的不同地位与作用。另外,也没有注意教学文本与文学文本的区别。教学要"尊重学生在学习过程中的独特体验",而不是一味地让学生去体验,如果这样,必然会导致教学的浅薄化。

[①] 杨启亮.体验语文:一种教学方法论的解释[J].语文教学通讯,2002(10):6.
[②] 黑格尔.美学·第一卷[M].朱光潜,译.北京:商务印书馆,1979:49.

所以,在进行文学阅读教学设计时应重视三个问题:(一)落实文学语言教学;(二)区分不同文体的鉴赏重点;(三)认识到文学文本与教学文本的区别。下面,本书分别来分析。

(一) 落实文学语言教学

许多有识之士强调文学语言教学,认为"鉴赏文学作品从品味语言入手,鉴赏的过程也是品味语言的过程"[①],"离开语言文字的鉴赏,语文教学的智育、美育、德育目的都将落空。"[②]要"突出文学语言教育,不断提高学生理解、鉴赏文学语言的水平。"[③]文学是一种语言艺术,诗歌是抒情的语言艺术,散文是一种个性化的语言艺术,小说是叙事的语言艺术,戏剧是对话的语言艺术,"语言是文学的第一要素"(高尔基语)。无论是文学阅读还是写作,都凭借语言这个媒介。但是多年来,我们在进行文学作品教学时,多从文字学的角度分析词性、词义、语体色彩、修辞手法等,这种静态的分析把文学作品当成了语言科学的研究材料。其实,文学语言"只有当它研究语言的审美效果时……才算得上文学研究。"[④]即不能仅注意其语言形式,更要关注其审美效果,况且文学本身是运用语言媒介加以表现的审美意识形态。那么,怎样体会文学语言的审美效果呢?

首先要品读。"品读课文的语言是阅读教学义不容辞的职责。阅读教学离开了对课文语言的品读,就一事无成。"[⑤]品读必须充分发挥学生的主体性,通过理解词句的含意——想象词句指称的对象,联想相关的物象事件——品味词句的"言外之意""韵外之致"这三个步骤。例如,就有关《荷塘月色》的教学资料来看,由背景介绍到寻找文眼,再沿文眼所流露的感情基调,逐步分析景物描写的顺序、景物自身的特点、运用了哪些修辞方法、形容词及动词运用得如何准确等等。这样教学,不仅形式呆板,难以发挥学生的主体性,而且其中的语言学分析也不符合文学阅读的规律。针对这篇美文,完全可从词句的审美性品读入手。如"荷塘四面长着许多树,蓊蓊郁郁的"。"蓊蓊郁郁"这个叠词,从字面意思上看指树木众多,枝叶茂盛,四个字写出树的特征和姿态。但如果我们想象一下,就会感受到夜晚的寂静、荷塘的幽僻,再联系作者出门之前的"颇不宁静",就会体味出这四个字在重叠之间,传达出一种郁闷的情调。"叶子底下是

---

① 刘国正.似曾相识燕归来——中学文教育的风雨历程[J].课程·教材·教法,2002(5):22.
② 盛海耕.文学鉴赏与语文教学[J].语文学习,1997(10):10.
③ 薛川东.试论文学教育的含义与内容[J].课程·教材·教法,1999(2):7.
④ 韦勒克,沃伦.文学原理[M].北京:读书·生活·新知三联书店,1984:188—189.
⑤ 韦志成.现代阅读教学论[M].南宁:广西教育出版社,2000:180.

脉脉的流水,遮住了,不能见一些颜色。""脉脉"在此处是指水没有声音,而"脉脉"又常指少女眼含深情的样子。如果我们想象一下流水的情形,再联想到一位脉脉含情的少女,就会体味到作者选第四声的"脉"字叠用,以一种舒缓的节奏,表达出内心的恬静喜悦。"薄薄的青雾浮在荷塘里。""浮"这个动词传神地写出了薄雾自下而上逐渐扩散的特点。如果我们联系前文提及的雾中的荷花、塘上的月色,我们会想象出水气和月色交织中荷叶、荷花那种缥缈、轻柔的姿态,并由此构成的空灵澄静之境与作者心中淡淡的喜悦之情浑化无痕。修辞句,如"层层的叶子中间,零星地点缀着些白花,有袅娜地开着的,有羞涩地打着朵儿的;正如一粒粒的明珠,又如碧天里的星星,又如刚出浴的美人。"拟人、比喻把景物描绘得更准确形象、生动。"袅娜地开着"指荷花张开时的姿态,"羞涩地打着朵儿"指荷花半开不开的姿态,"一粒粒明珠"显其光亮,"碧天里的星星"显其隐隐约约,"刚出浴的美人"显其一尘不染。但是,要看其所拟之"人",喻用何"体"。"袅娜"是指少女之美姿,"羞涩"是指少女之神情,"明珠"圆润,"星星"闪烁,"美人"纯洁,用这些柔性、阴性的人和物来写荷叶中的白花,营造出一种静谧柔美的意境,委婉曲折地反映出作者"狷者"的性格和对美好事物的追求。我们可由词句的审美性品读,进而进行语段中意境的审美性品读,最后扩张至全文,逐步理解作者的思想感情。通过品读,文学语言就成了鲜活的生命语言,而不是静止的物质外壳。

其次,要加强诵读。人民教育出版社出版的高中语文《教师教学用书》(第三册第68页)指出,诵读是读诗的基础,在实际教学过程中,要把朗读和背诵放到所有环节的中心位置上来,用读带动并加深领悟。其他文学作品的教学也是如此。读的时候,要求注意,语流的停、连,语速的快、慢,语调的平、上、去、入,语音的抑、扬、顿、挫,语势的起、落、曲、展,语气的轻、重、缓、急与所表达的内容、情感变化一致。如诗歌的分行分节、节奏安排、平仄押韵等外在形式,往往与诗人表情达意有关。正如苏珊·朗格说的,"艺术结构与生命结构的相似之处。"[1]如《诗经·蒹葭》中"苍""霜""长""央""方"押ang韵,读起来顿觉悠远锦长。全诗重章叠句,读之有回环往复之感。这种节奏的安排、韵脚的选押,恰到好处地表达了欲说还休、似淡还浓的情愫。只有在品读的基础上反复诵读,才能读出其中的情味。"要反复诵读,把无声的文字,变成有声的语言,读出感情,读出气势,如出自己之口,如出自己之心。"(于漪语)

总之,进行文学语言教学,只有指导学生关注其审美效果,仔细品读,反复诵读,才

---

[1] 苏珊·朗格.艺术问题[M].北京:中国社会科学出版社,1983:55.

能把文学作品"从词的物质形态中解放出来,成为一种当代的存在。"①

(二) 区分不同文体的鉴赏重点

首先,要重视文体的鉴赏。诗歌、散文、小说、戏剧的不同体裁是各自内在规律的外在表现。如果只关注内容,抒情诗歌和抒情散文区别并不大,小说与叙事散文区别并不大。苏珊·朗格说:"你愈是深入地研究艺术品的结构,你就会愈加清楚地发现艺术结构与生命结构的相似之处。"②也就是说,应结合作品内容分析作品结构,而不是外在于作品作静态的分析。

其次,要确立鉴赏重点。作家在创作某一类体裁作品时,常借鉴其他体裁的创作方法。有大范围借鉴,如散文诗、诗体小说、诗化小说、诗剧等,都有诗歌的特点,同时又具有其他文学体裁的特点。有小范围借鉴,如小说中的自然环境描写常含诗意,戏剧中的"舞台说明"常富诗意等等。另外,每种文体按不同标准又可分为不同的类别,如诗歌有叙事诗、抒情诗、哲理诗等,戏剧可分为现代剧、历史剧等,还可以细分。鉴赏时应突出重点,兼顾融合。不能一味地量衣(文体)裁体(作品)、削足(作品)适履(文体)。一般来说,诗歌要关注其特殊的语言表达技巧,如古诗所强调的"炼字",现代诗所追求的"陌生化"等;外在形式的安排,如分行分节、节奏安排、用韵情况等;意象的选择、意境的营构;情感、哲理等等。散文应关注其题材、构思、表现手法、表达方式等。小说应关注其环境描写、人物塑造、情节安排等。戏剧应关注其人物性格、冲突、结构、台词(尤其是潜台词)等。

另外,要积极寻求新的理论表述。倪文锦、欧阳汝颖主编的《语文教育展望》指出:"在中小学语文教学中,小说,除了被拧干了的'人物、情节、环境'这三个概念,事实上已没有多少知识可教了;诗歌,在感知、背诵之外,只有体裁(如绝句四句、律诗八句、几种词牌名称)、押韵等屈指可数而且极为表面的知识;散文,也只有'形散神不散'、'借景抒情'、'托物言志'、'情景交融'等似知识又似套话的几句说法,以不变应万变;戏剧,除了'开端、发展、高潮、结局'的套路简介,再不见有像模像样的知识。""从小学到初中,到高中,我们的语文教学就在这么几小点的知识里来回倒腾。"③话虽说得有点偏激,但却给我们以警醒。我们可借鉴语言学中的隐喻理论来解说诗歌,借鉴叙事学中的叙事理论来解说小说。这是一项任重而道远的工作,需要长期的探索。

---

① H·R·姚斯,R·C·霍拉勃.接受美学与接受理论[M].周宁,金元浦,译.沈阳:辽宁人民出版社,1987:26.
② 苏珊·朗格.艺术问题[M].滕守尧,等,译.北京:中国社会科学出版社,1983:55.
③ 倪文锦,欧阳汝颖,主编.语文教育展望[M].上海:华东师范大学出版社,2002:99.

（三）认识到文学文本与教学文本的区别

一个文学文本，包含着文学的众多要素，在进行教学设计时不能面面俱到。

首先，一个文学文本，一经选入教材，就不是纯粹意义上的文学文本，而变成教师教、学生学的媒介，即教学文本。作为一个文学文本，在日常阅读时可以从各角度、各层面去揣摩。然而，作为一个教学文本，则要考虑其在整个学段、整册课本、整个单元中所担负的教学任务，又要考虑到学习者的知识、能力基础和兴趣、爱好倾向等，然后确立教学目标、规划教学任务和过程。就如语文教育家叶圣陶说的，"文章是多方面的东西，一篇文章可从种种视角来看，也可应用在种种的目标上。例如朱自清的《背影》可以作'随笔'的例，可以作'抒情'的例，可以作'叙述'的例，也可以作'第一人称的立脚点'的例，此外如果和别篇比较对照起来，还可定出各种各样的目标来处置这篇文章。"[1]

其次，一个优秀文学文本，往往不是经过一次性阅读就能被彻底理解的，而是要经长期甚至一辈子去感悟，这一点在前文已多次论及。另一方面，平时阅读是不受时空限制的。然而，如果它被当作教学文本，就要受课时的限制。所以，要引导学生在课外及以后的学习、工作中继续阅读、体味。如2002年11月2日魏书生在合肥讲学、授课时，让初一的学生学习高中《语文》第五册中的哲学家冯友兰的哲理散文《人生的境界》，只是让学生了解作家、作品及体裁知识，问问学生人生有哪几重境界，要求联系自身和社会谈谈体会、看法，关于自然、功利、道德、天地四重境界到底如何达到，只有随学生的知识的不断增长、阅历的不断加深去逐步体味。

总之，在进行文学阅读教学，只有注意以上三点，并结合理论研究编所强调的诸多方面来设计，才能做到既实又活，既真又新。

有关将接受美学引入中学文学教育的看法、做法，虽然在"理论探索"部分和本节中都联系了自己的日常教学，但更明确、具体的体现应在如下的"四种文体阅读教学设计示例"和附录部分的"教学实录"中，因为"教学案例，描述的是教学的具体情境，展示特定教学活动的发生、发展与效果，包含着特有的教学理念和具体的处置方式，反映的是教师与学生的典型行为、思想和感情。"[2]

---

[1] 中央教育科学研究所，编.叶圣陶语文教育论集(上)[M].北京：教育科学出版社，1980：178.
[2] 傅道春，编.教学优秀案例分析：教师行为研究·前言[M].北京：教育科学出版社，2001.

二 中学文学教学四种文体教学设计示例

（一）诗歌教学设计

孤独的收割人

教学目标：

1. 认知目标

（1）识记

① 华兹华斯及其创作。

② 外国浪漫主义诗歌发展简史。

（2）理解

① 通过想象体会诗中的意象、意境，并揭示意象、意境中的情感。

② 通过诵读品味诗中的语言表达和艺术技巧的表现力。

（3）运用

总结诗歌鉴赏的某些方法，并会以此阅读类似的诗歌。

（4）评价

对诗歌的内容和形式提出自己的见解。

2. 情感目标

（1）接受、反应

在品味时，获得愉悦。

（2）价值倾向、品格形成

关切联系自身，作出判断。

3. 审美目标

（1）通过联想、想象，将诗中的意境变为更丰富的审美意境。

（2）对诗中的意境美、节奏美，能用口头或书面的语言形式表达。

（3）将这首诗改写为一篇散文。

教学内容与过程：

1. 听读——欣赏

教师范读，要求学生展开想象、联想，再现作者笔下人、事、物、景，感知内容。

明确：

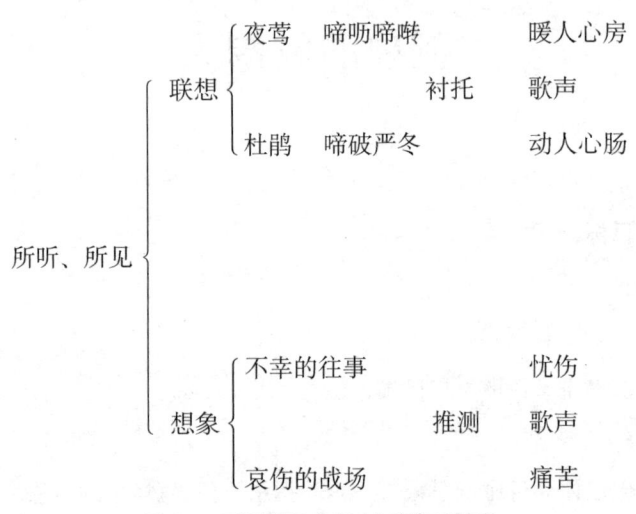

```
                    ┌ 夜莺   啼呖啼啭         暖人心房
              联想 ─┤               衬托   歌声
                    └ 杜鹃   啼破严冬         动人心肠
所听、所见 ─┤
                    ┌ 不幸的往事             忧伤
              想象 ─┤               推测   歌声
                    └ 哀伤的战场             痛苦
```

图 9-1　《孤独的收割人》欣赏过程图

2. 品读——创造

教师解说：

R·C·霍拉勃在《接受美学与接受理论》中指出，一部文学作品中的对象必定保持着某种程度的未定性，比如我们读"孩子踢球"这一句，会面对无数的"空白点"：孩子是六岁还是十岁，是男孩还是女孩，褐色皮肤还是白色皮肤，红发还是金发，他为什么来踢球，旁边的景色怎样，还有其他人吗等等。接受美学家沃尔夫冈·伊瑟尔在《阅读过程的现象学研究》中指出，"本文写出的部分给我们知识，但只有没有写出的部分才给我们想见事物的机会。"[①] 而正如英国的瑞恰兹在分析华兹华斯的作品时说的，"科学的趋势必须是使其用语稳定，把它们冻结在严格的外延之中；诗人的趋势恰好相反，是破坏性的，他用的词不断地在互相修饰，从而互相

---

① 沃尔夫冈·伊瑟尔.阅读过程的现象学研究[A].转引自江西省文联文艺理论研究室，编.外国现代文艺批评方法论[C].南昌：江西人民出版社，1985：358.

破坏彼此的词典意义"[1]，即产生诸多联想意义。所以，要运用各种想象和联想，联系自己的阅读、生活经历，推测出作者未写出甚至未想出的东西，这叫创造性阅读。

（1）默读课文，联想、想象。

（2）屏幕显示问题，师生讨论作答，力求标新立异，不甘人云亦云。

① 想象高原、田野的景色，年轻姑娘的外貌、动作。

② 想象一下：荒凉的河流、疲乏的旅人，突然听到夜莺清脆啼啭时的心境。体会旅人：在寒冷、荒凉的赫伯利群岛，在严冬后听到报春的杜鹃的啼声时的情境。

③ 谁能告诉我，她在唱什么？她在想什么？

④ 推测一下，她有过哪些不幸的往事？

⑤ 战场上发生了哪些与其相关的事情？

⑥ 她在为谁歌唱？她在为谁收割？

⑦ 设想一下她现在的生活怎样？推测一下她未来的生活怎样？

⑧ 思考一下自己构筑的意象世界与作者笔下的意象世界有何异同？

附：学生对问题⑤的读解结果：A. 战争夺去了她父母的生命，毁坏了她家的房屋，使她从小就成了一个孤儿；B. 战争夺去了她丈夫的生命，导致她一个人在田野里劳作；C. 她的恋人在战争中建功升官后一去不复返；D. 她的恋人在战争中失去双腿，从此不愿再见到她；E. 类似于我国古诗中"忽见枝头杨柳色，悔教夫婿觅封侯"式的闺怨；F. 她并不"孤独"，虽然标题叫"孤独的收割人"，两次提到她独自收割，但正如作者自己说的，"不知道她在唱什么"。我想她在歌唱战争，因为前方的将士奋勇杀敌，使得她在后方能安居乐业，所以才会一边收割一边歌唱。

这些见解，有些是遵从了文本的规定性的结果，有些是站在文本之外审视而获得。学生说出了自己的感受和体验，甚至也不乏新见。

3. 诵读——体味

（1）作者是一个民主主义者、自由主义者，他长期生活在乡村，对劳动人民的生活、疾苦非常熟悉。本文选自《世界抒情诗选》，作者在为《抒情歌谣集》写的《序言》中反复强调诗歌是"强烈感情的自然流露"。我们可以由象及意，看作者是怎样通过在意象的不断营造中自然流露感情的。

---

[1] 布鲁克斯. 悖论语言[M]. 天津：百花文艺出版社，2001：360—361.

明确：

震动灵府 ⟶ 心旌摇曳 ⟶ 回味悠长
　　　　　（同情　赞美）

图 9-2　《孤独收割人》作者情感变化过程图

(2) 诵读

如诗歌的分行分节、节奏安排、平仄押韵等外在形式，往往与诗人的表情达意有关。卡西尔在《语言与艺术》中说："伟大的抒情诗人华兹华斯把诗定义为：'强烈情感力量的自发外溢'。但是情感力量或仅是情感外溢不能创造出诗来。自我情感的丰富充沛仅是诗的一个要素和契机，并不构成诗的本质。丰富的情感必须由另外的力量，由形式力量控制和支配。每一言语活动都包含着形式力量，都是它的直接证据。"[1]美学家朱光潜说："艺术家把应表现的思想和情趣表现在音调和节奏里，听众就从这音调节奏中体验或感染到那种思想和情趣，从而引起同情共鸣。"[2]如《诗经·蒹葭》中"苍""霜""长""央""方"押 ang 韵，读起来顿觉悠远绵长。全诗重章叠句，读之有回环往复之感。这种节奏的安排、韵脚的选押、恰到好处地表达了欲说还休、似淡还浓的情愫。只有在品读的基础上反复诵读，才能体味出其中的情感的变化。

4. 研读——评价

(1) 复习"外国诗歌简史"中的相关部分。

(2) 简介浪漫主义与华兹华斯。

(3) 华兹华斯谈抒情诗创作。

(4) 评论家谈华兹华斯的抒情诗创作。

5. 参读——比较

通过对《孤独的收割人》与《观刈麦》的比较分析，认识这两首诗在思想、内容与表现手法上的异同。

6. 笔读——迁移

将这首诗改写成散文，注意在遵从文本规定性的前提下展开合理的想象和联想，注意表达方式。

---

[1] （德国）恩斯特·卡西尔(Ernst Cassirer). 语言与神话[M]. 于晓，等，译. 北京：生活·读书·新知三联书店，1988：139.
[2] 朱光潜. 谈美书简[M]. 北京：中国画报出版社，2015：55.

（二）散文教学设计

荷塘月色

教学目标：

1. 认知目标

（1）识记

① 了解朱自清及其作品。

② 背诵 4—6 自然段。

（2）理解

① 感受文中的意象。

② 从整体上把握本文的内容，理清思路。

③ 理解本文情感的变化。

④ 品味借景抒情、以景衬情的艺术表现手法和巧妙运用比喻、通感及精心选用动词、叠词的语言表达效果。

（3）运用

① 能运用学习本文的方法去鉴赏其他写景散文。

② 写作比较性、研究性小论文。

（4）评价

能对本文主题的多种说法进行评析，发表自己的看法。

2. 情感目标

（1）接受

能联系自己的生活经验、情感经历，进入作品所描述的情境，做到身临其境、心领此情，体味作者情感的变化。

（2）反应

能联系历史和现实，对其情感作出恰当的评价。

3. 审美目标

能在欣赏意境、品味语言时运用想象、联想，获得审美愉悦。

教学内容与过程：

1. 引诗入题

（1）李白《静夜思》："床前明月光，疑是地上霜。"

（2）白居易《琵琶行》："东船西舫悄无言，唯见江心秋月白。"

（3）李璟《浣溪纱》："菡萏香销翠叶残，西风愁起绿波间。"

（4）周邦彦《苏幕遮》："水面清圆，一一风荷举。"

古人这几句诗词所描绘的月色、荷景，或流露出思乡、失落之情，或流露出喜悦、闲适之趣。我们看朱自清的《荷塘月色》描绘了哪些景物，抒发了怎样的感情。

2. 听读感知，诵读品味

以求从整体上把握文章的内容与思路。

（1）播放录音，要求展开想象与联想，身临其境、设身处地地再现其景、体会其情。

（2）反复诵读，要求音量的高低、语速的快慢、语气的停连等与语言所要表达的情感变化一致。

3. 揣摩语言，理解情感

写景抒情散文，常常通过选择意象来营构意境，再通过营构意境来表达情感。意象的选择与语言的运用有关。品味语言的妙处要经历三个步骤：解"言"——想"象"——品"味"。如鲁迅的散文《秋夜》的开头写道"在我的后园里，可以看见墙外有两株树，一株是枣树，还有一株也是枣树。"为什么不直说"在我的后园，可以看见墙外有两株枣树"呢？我们可将这两种表达形式进行比较，再想象句中的情景，联系鲁迅的处境，就会品出此处描写的"言外之意""韵外之致"，即象征着一种在恶劣艰险的环境下的倔强的性格、不屈的精神。

（1）找出叠词，除注意节奏感外，还要体味其表情达意的作用。

如：翁翁郁郁、阴森森、淡淡、曲曲折折、田田、亭亭、层层、一粒粒、缕缕、静静、薄薄、峭楞楞、弯弯、远远近近、高高低低、隐隐约约。

品读示例：

"叶子底下是脉脉的流水，遮住了，不能见一些颜色。""脉脉"在此处是指水没有声音,而"脉脉"又常指少女眼含深情的样子。如果我们想象一下流水的情形,再联想到一位脉脉含情的少女,就会体味到作者选第四声的"脉"字叠用,以一种舒缓的节奏,表达出内心的恬静喜悦。

(2) 找出景物描写中的动词,除注意其增加动感外,试着将其与其他近义词比较,体味其表情达意的作用。

如:泻(照)、浮(升)、洗(浸)、笼(罩)、画(印)。

品读示例:

"浮"这个动词传神地写出了薄雾自下而上逐渐扩散的特点。如果联系前文提及的雾中的荷花、塘上的月色,我们会想象出水气和月色交织中荷叶、荷花那种缥缈、轻柔之态,由此构成的空灵澄静之境与作者心中淡淡的喜悦之情浑化无痕。

(3) 找出景物描写中的修辞手法,除注意其增加形象感外,还要体味其表情达意的作用。

如:比喻(略)、拟人(略)、通感(略)。

品读示例:

"层层的叶子中间,零星地点缀着些白花,有袅娜地开着的,有羞涩地打着朵儿的;正如一粒粒的明珠,又如碧天里的星星,又如刚出浴的美人。"拟人、比喻把景物描绘得更准确形象、生动。"袅娜地开着"指荷花张开时的姿态,"羞涩地打着朵儿"指荷花半开不开的姿态,"一粒粒明珠"显其光亮,"碧天里的星星"显其隐隐约约,"刚出浴的美人"显其一尘不染。但是,要看其所拟之"人",喻用何"体"。"袅娜"是指少女之美姿,"羞涩"是指少女之神情,"明珠"圆润,"星星"闪烁,"美人"纯洁,用这些柔性、阴性的人和物来写荷叶中的白花,营造出一种静谧柔美的意境,委婉曲折地反映出作者"狷者"的性格和对美好事物的追求。

4. 品味意境,理解情感

前面提到了写景抒情散文,常常通过选择意象来营构意境,再通过营构意境来表达情感。又可分为两种形式:一、融情于景。吴乔《围炉诗话》:"夫诗以情为主,景为宾。景物无自生,惟情所化。情哀则景哀,情乐则景乐。唐诗能融情于景,寄情于景。"如《渭城曲》等。二、以景衬情。王夫之《姜斋诗话》:"以乐景写哀,以哀景写乐,一倍增其哀乐。"如《春望》等。

试找出各写景段落,说出各选择了哪些意象,构成了怎样的意境,流露出怎样的感情?

明确:

  小路两旁之景

  荷塘四周之景　　淡淡的哀愁

  江南采莲之景

  月色下的荷塘

  荷塘上的月色　　淡淡的喜悦

图 9-3 《荷塘月色》情景关系图

5. 理清思路,理解情感

融情于景、以景衬情都是间接抒情,请找出直接抒情的句子,体会文中情感变化的过程。

(1) 议论、抒情性的句子(略)。

(2) 思路:

出家门——→路旁之景——→荷塘之景——→塘边之景(采莲之景)——→回家门

颇不宁静——→得排遣——→获解脱——→不宁静

这篇散文以"不宁静"始,以不宁静终,为什么作者会产生这种"不宁静"的郁闷之情呢？(讨论思想情感)

投影展示各家观点,学生展开讨论,教师积极参与、引导,适时归纳、小结,不强求一律,不定于一尊。

(1) 教材编者:"《荷塘月色》写于 1927 年。由于蒋介石叛变革命,中国处于一片黑暗之中,作者'心里是一团乱麻,也可以说是一团火'(见朱自清给 S 君的《一封信》)。"(高中《语文》第一册,人民教育出版社,1990 年版)

(2) 钱理群:"一九二八年七月七日,朱自清写过一篇题为《那里走》的文章……在朱自清看来,一九二八年的中国正面临着由'思想的革命'向'政治革命'与'经济革命'的转折。如果前一阶段(也即人们通常说的'五四'时期)'要的是解放,有的是自由,做的是学理的研究',新时期则是'一切权力属于(领导革命的)党'的时代,'党所要求个人的,是无条件的牺牲'。知识者于是面对着'那里走'的困惑：一面看清革命是'势所必至'，一面又生怕革命将'毁掉我们最好的东西——文化'，'促进自己的灭亡'——其实这也正是当年德国诗人海涅所面临的两难选择。在二十年代末，朱自清和他的朋友最后的选择是：'躲'到'学术，文学，艺术'里去，做些自己爱做的事业。"①

(3) 钱理群："朱自清这类自由主义知识分子既反感于国民党的'反革命'，又对共产党的'革命'心怀疑惧，就不能不陷入不知'那里走'的'惶惶然'中——朱自清的'不宁静'实源于此。"②（《名作重读》）

(4) 王曙："透露了一个至关重要的信息——准备退隐故里""听凭这'颇不宁静'的心绪陪伴自己度过这难眠之夜，坐等归里，以与这制造不宁静心绪的现实环境决裂——这就是《荷塘月色》的文心题旨。"（《语文阅读教学新视野》）③

(5) 封先勇："表达的是一种'世人皆醉我独醒'似的智者的孤独情绪，是因自己高出于芸芸众生之人而不被人理解产生的知音难觅的喟叹和哀愁，同时也表达了作者对青春活力的憧憬。"④（《智者的孤独》）

(6) 余光中：朱自清惯用女性形象来"装饰他的想像世界，用异性的联想来影射风景，有时失却控制，甚至流于'意淫'。"⑤（《论朱自清的散文》）

(7) 周实：文中有许多女性色彩的描写"弥漫着一种低糜的情调。"（《齐人物论》）

(8) 张文斌："《荷》文的主情调不是抒'智者的孤独'，而是抒'雅士的欢乐'。它是一篇地地道道的文人雅士'娱乐性情的美术文'。"⑥（《雅士的欢乐》）

(9) 刘勇民："1927年……朱自清此时的家庭也陷入了深刻的危机……他的父子、(继)母子、婆媳等之间的矛盾和作者为了应付这些矛盾在事业和感情上做出的巨大损失才是他'心里颇不宁静'的主要原因。"⑦

---

① 钱理群. 长长的背影[M]. 祝勇，编. 重读大师[M]. 北京：人民文学出版社，1999：219.
② 人民教育出版社中学语文室，编著. 中等师范学校阅读和写作(试用本)(第3册)教学参考书[M]. 北京：人民教育出版社，2000：178.
③ 王曙. 语文阅读教学新视野[M]. 上海：汉语大词典出版社，2006：76.
④ 封先勇. 智者的孤独[J]. 名作欣赏，1998(2)：100.
⑤ 余光中. 论朱自清的散文[M]. 台北：纯文学出版社，1977：222—227.
⑥ 张文斌. 再论《荷塘月色》的主题[J]. 语文教学与研究，1999(4)：26.
⑦ 刘勇民. 模糊的背影[J]. 读书杂志，1999(11)61.

6. 比较性阅读,全面理解本文

屏幕显示:

(1) 安徽省作协主席陈所巨的散文《荷田夜色》(见《皖东南日报》,2000年5月20日)。

(2) 台湾省著名作家彦元叔的散文《荷塘风起》(见《名作欣赏》,1989年第3期)。

(3) 这两篇散文对课文有继承又有发展,试从标题、开头、结尾、行文思路、语言表达、所写景象、所露情感等方面比较其异同。

7. 处理"思考与练习",背诵4—6自然段。

(三) 小说教学设计

荷花淀

教学目标：

(一) 认知目标

1. 识记

了解孙犁及其作品。

2. 理解

(1) 感受小说中的意境、人物。

(2) 能从整体上把握内容、理清思路。

(3) 理解作者的情感。

(4) 品味小说中诗情画意的景物描写和传神的对话、动作描写。

3. 运用

在体会语言风格、理解人物形象、把握情节发展的基础上，通过口头或书面的形式补写、续写小说中的空白部分。

4. 评价

对人物形象和艺术技巧作出自己的评价并关注其他鉴评文章。

(二) 情感目标

1. 接受(感受)

能进入小说所描写的情境。

2. 反应

(1) 对小说的意境美、形象美、语言美、哲理美等能获得美的愉悦和满足，产生阅读共鸣。

(2) 模仿孙犁小说的写作风格。

(3) 希望进一步阅读孙犁及"荷花淀派"的其他作品及评价文章。

3. 价值倾向

对小说中所显示的真理正义以及人物美好的心灵、崇高的信念产生某种价值感和信仰。

(三)审美目标

(1)对审美因素饱满的字、词、句作渗透在情绪、情感中非纯理性的审美理解,并用语言、文字表述之。

(2)将课文的形象意境等通过想象、联想、描摹转变为比文本更为丰富广阔的审美情境,进行创造性阅读。

(3)写作具有一定美感体验的"情境文""文学评论"等。

教学内容与过程:

1. 赏

(1)导语

今天我们谈谈"美"这个话题:(绘画)"铁马、秋风、塞北""杏花、春雨、江南",美不美?一样不一样?(诗词)苏轼的"大江东去浪淘尽,千古风流人物……",李清照的"兴尽晚回舟,误入藕花深处。争渡,争渡,惊起一滩鸥鹭",美不美?一样不一样?一种美在雄浑、劲健、豪放,一种美在秀丽、温柔、婉约。美学家朱光潜分别称之为刚性美和柔性美,也有人称之为壮美和优美。大家课前已预习过《荷花淀》,它属于哪一种呢?(优美)小说不是写打鬼子吗?联想丰富的同学马上会想到战争片中硝烟弥漫、炮声隆隆,人们喊:"冲啊!""杀啊!"有没有写到这种场景?(没有)所以,算优美。

(2)指名朗读:其他同学闭上眼睛展开再造想象、联想,再现作者笔下的文本意象世界,并移情体味其中情旨。

2. 鉴

提示:这篇"诗化小说"作为小说的一种样式,同样具有环境、人物、情节三要素,但和一般小说相比这篇小说的三要素又有独特之处,即自然环境意境化、社会环境散点化、人物写意化、情节片段化,造成众多未定性和空白点。大家在重新阅读时要积极地运用多种联想和创造想象来确定未定、填补空白,使景物完形、人物完善、情节完整,从而创造出比作者笔下更广阔的意象世界。

(1)环境

①请一名女生朗读有关自然环境的描写,注意语调、语速与情感。其他同学

闭上眼睛,展开想象和联想的翅膀。

解说:自然环境意境化。环境意境化是针对自然环境而言的。现实主义作品中的自然环境多采用客观的描写来再现,真实到一个面包卖几分钱,一片树叶是何种颜色。浪漫主义作品多以虚幻的形式来构造,如仙界的琼楼玉宇,冥间的鬼狱魔窟。《荷花淀》中的自然环境显然不是浪漫主义的,但又有别于现实的环境,而是将环境意境化了。

意境是中国古典诗歌在艺术表现方面所追求的最高境界,它是将内在的情感与外在的景物交融的一种方式,造成一种富有内在意蕴和意味的画面,达到一种独特的审美追求。王国维在《人间词话》里说:"能写真景物、真感情者,谓之有境界。"而"自然中之物,互相关系,互相限制。然其写之于文学及美术中也,必遗其关系、限制之处"[①]。即寓自己的感情于有选择的物象之中,做到意与象会,形成意象。再由众多意象相联系统一而生成意境。最终在情景交融的意境中营造一种诗的氛围。景不同,境也不同;境不同,情也不同。如毛泽东的《沁园春·长沙》:"看万山红遍,层林尽染,漫江碧透,百舸争流。鹰击长空,鱼翔浅底,万类霜天竞自由。"一片生机勃勃,透露出昂扬向上之情。王实甫的《西厢记·长亭送别》:"碧云天,黄花地,西风紧,北雁南飞。晓来谁染霜林醉? 总是离人泪。"一片肃杀凄凉,表现了一种生离死别之感。这篇小说,开头的场景描写,作者撷取了几个物象——蓝蓝的天空,皎洁的月光,微微的风,薄薄的雾,悠悠地荡着的银白的淀水,飘着淡淡的香气的密密的荷叶。月下,小屋,一个女人手里编织着洁白的苇眉子,脚下是一片洁白的苇席——构成一幅空灵剔透的月下淀边织席图。幽静清新的环境、圣洁温顺的水生嫂及作者对自己生活着的这片土地的眷恋之情三者水乳交融,浑化无痕,而又诗意盎然。这种意境化了的自然环境还有几处,如"已经快晌午了,万里无云,可是因为在水上,还有些凉风,这风从南面吹过来,从稻秧上苇尖上吹过来。水面没有一只船。水像无边的跳荡的水银。""她们轻轻划着船,船两旁的水,哗,哗,哗。顺手从水里捞上一棵菱角来,菱角还很嫩很小,乳白色,顺手又丢到水里去。那棵菱角就又安安稳稳浮在水面上生长去了。""那一望无边挤得密密层层的大荷叶迎着

[①] 王国维.人间词话[M].长春:吉林文史出版社,1999:12、10.

阳光舒展开……粉色荷花箭高高地挺出来。"这几段场景,除情景交融外,还有一个共同的特点就是幽静。诗家常说:"诗境贵幽""诗境以深境为主"。可见,孙犁是通过情景交融的幽(恬)静的意境的营造来体现诗意的。另外,诗歌要有更深的意味,还必须追求象外之旨、言外之意,"一览而尽,言外无余,不可为诗"(田同之《西圃诗话》)。这里的自然环境,除起到烘托人物、寄托情思的作用外,也透露了一种抗战的旨意——如此优美的风光不容敌人来破坏,如此恬美的生活不允敌人来侵犯。

② 请同学们说说这篇小说到底反映了什么时代的社会现实。

解说:社会环境散点化。这篇小说的社会环境,也有别于一般现实主义小说通过作者直接的史传式的大段的叙说来交代,而是散点铺撒于小说之中,通过人物之口间接地不经意地表露出来,"行于简易闲谈之中,而有深远无穷之味"(宋·范温《潜溪诗眼》)。如"听他说,鬼子要在同口安据点……""唉呀,日本!你看那衣裳。""不要叫敌人汉奸捉活的,捉住了要和他们拼命!""明天我要到大部队上去了。""会上成立了一个地区队,我第一个举手报了名。""我是村里的游击组长。""水生嫂,回去我们也成立队伍。"这样就告诉我们,小说写的是抗日战争最后阶段,游击区人民抗击日本和汪伪的斗争。

(2) 人物

① 分角色朗读水生和水生嫂的对话、五个女子寻夫时的对话,注意人物的性格和当时的场合。

解说:人物写意化。极工与写意原是一组相对立的绘画技法。极工求穷形尽相,毫发毕现;写意尚逸笔草草而意趣盎然。可见,写意化的主要特征是简洁、传神,以朴素、洗炼的笔法将所指对象的主要特征表现出来。艺术大厦从外面看有不同的门径,但进去之后就会发现其内容是相通的。中国诗如中国画一样崇尚写意。如李白的《玉阶怨》:"玉阶生白露,夜久湿罗袜。却下水晶帘,玲珑望秋月。"容貌、语言、心理不着一笔,仅以罗袜、水晶帘等服饰、器物写出女人之美,以久立、下帘、望秋月等动作、神态写出美人孤苦地企盼,可谓"语短而意愈长"(明·李东阳《麓堂诗话》)。

小说中的人物描写,一般通过对人物的肖像、服饰、动作、神态、语言和心理描写来刻画人物本身,或通过人物所处的环境来烘托。通过环境营造诗意前文已论及，我们再来看作者对人物本身的刻画。小说的外貌描写（肖像、服饰）只有一处，是写水生的："这年轻人不过二十五六岁，头戴一顶大草帽，上身穿一件洁白的小褂，黑单裤卷过了膝盖，光着脚。"寥寥几笔就勾勒出一个富有朝气的农村青年形象。然而孙犁对自己最崇拜的也即小说的主人公——水生嫂及其他妇女的肖像、服饰还有心理不着一笔，就连肖像写意化的一种重要方式——鲁迅所说的"画眼睛"也弃而不用，用笔简省到极点。作者用得最多的是人物对话，稍及一些动作、神态。但人物对话很简短，不铺陈宣泄；动作、神态极少且多附在对话前，不叠加粉饰。人物对话和动作神态的描写虽简约，但都极具个性化。产生一种"外枯而中膏，似澹而实美"（《东坡题跋·评韩柳诗》）的诗化效果。如，当水生回来时，"女人抬头笑着问：今天怎么回来得这么晚？"抬头一笑，透露出如释重负后的欣喜；淡淡一问，责怪之中满含关切。一笑一问之间，既表现了女人的娴淑，又流露出对丈夫的爱。同时，我们从问话中知道水生平时回来得早，为什么今天这么晚呢？造成悬念、引人入胜。当水生说自己第一个举手参加地区队时，"女人低着头说：'你总是很积极的。'""低着头"显得很温顺，"你总是很积极的"的批评中又有几分赞许。当听说水生明天就到大部队上去时，"女人的手指震动了一下，想是教苇眉子划破了手。她把一个手指放在嘴里吮吸了一下。"这地方完全可用大段的心理描写来突出她心底的波澜，但作者却用"手指震动了一下""把手指放在嘴里吮了一下"这两个极简省又极传神的动作，写出了她由震惊到镇定的过程，揭示出一个平凡的家庭妇女和伟大的妻子的双重性格。以一当十，言约而意丰。更具写意特色的是五个女人商量寻夫的一段对话：

"听说他们还在这里没走。我不拖尾巴，可是忘下了一件衣裳。"

"我有句要紧的话，得和他说说。"

"听他说，鬼子要在同口安据点……"水生的女人说。

"哪里就碰得那么巧，我们快去快回来。"

"我本来不想去，可是俺婆婆非叫我再去看看他——有什么看头啊！"

除标识水生嫂一人身份外，其他四位只用一句话，但从这简短的几句话中活脱出或害羞或坦率或稳重或急躁或风趣的五个女子形象，跃然纸上，如在眼前。

可见，这种写意化的处理，含蓄隽永的诗意，惹人思量，耐人品味。

(3) 情节

请同学们概括这篇小说的情节：

夫妻话别——探夫遇敌——助夫杀敌——学夫抗敌

解说：情节片段化。赵执信在《谈龙录》中记载过他与洪昇、王士禛之间的一段以龙喻诗的争论："钱塘洪防思（昇），久于新城之门矣，与余友。一日，并在司寇（王士禛）宅论诗。昉思嫉时俗之无章也，曰：'诗如龙然，首尾爪角鳞鬣一不具，非龙也。'司寇哂之曰：'诗如神龙，见其首不见其尾，或云中露一爪一鳞而已，安得全体？雕塑绘画者耳。'余曰：'神龙者屈伸变化，固无定体，恍惚望见者，第指其一鳞一爪，而龙之首尾完好，故宛然在也。若拘于所见，以为龙具在是，雕绘者反有辞矣。'"①诗歌如此，小说亦然。首尾爪角鳞鬣具见，那只是一条凡龙。小说如果首尾完整，情节紧凑，悬念迭生，大起大落，只能给人一种紧张感，产生不了诗意。只见"一爪一鳞"而不见"首尾完好"，则无异于断体残肢的陈列。小说如果无首无尾，只有几个片段的拼凑，极易给人造成思维上的盲点，使得小说晦涩难懂，遑论诗意？"首尾完好"，中间合理配置"一鳞一爪"，则显出神龙气象。小说如果有首有尾，中间似断实连、忽实又虚，则诗意顿生。

小说以水生嫂等待任游击组长的丈夫归来开头，以水生嫂及妇女们配合子弟兵们作战结尾，时间从夏到秋再到冬，地点从家到村再到淀，时空跨度大，人物、事件多，但作者在中间只选取了四个片段——夫妻话别、探夫遇敌、助夫杀敌、学夫抗敌——而略去了对众多人物的交代。正如孙犁自己说的："《荷花淀》所反映的，只是生活的一鳞半爪。"②小说写抗敌，但水生走后怎样谋划抗敌；遇敌后，敌人怎样行动；杀敌时场面如何；这些在小说中或不置一词进行虚化，或寥寥几句进行淡化。如行云流水，流到当行处则行，流到不可不止处即止。这种不以情节取胜的处理方法常给人以不讲究篇章结构的感觉。钱钟书在《管锥编》中说："诗之道情事，不贵详尽，皆须留于余地，耐人玩味……据其所道之情事而默识未道之情事。"③孙犁正是用作诗的方法来安排小说情节的。

---

① 傅璇琮，等，主编. 中国诗学大辞典[Z]. 杭州：浙江教育出版社，1999：1145.
② 孙犁，姜德明，主编. 孙犁书话[M]. 北京：北京出版社，1996：320.
③ 童庆炳，马新国，主编. 文学理论学习参考资料新编(上)[G]. 北京：北京师范大学出版社，2005：1379.

（4）主题

提问：我们再看看开头为什么写那么美的景、那么美的人？

明确：联系路翎的小说《洼地上的战役》。这么美的人也要去打鬼子，因为鬼子破坏我们这么美的家园，可见此处宣扬了一种抗战主题。这篇小说写抗日战争时，在荷花淀附近，一群以水生嫂为代表的劳动妇女逐渐成长为战士的经历，表现了根据地人民的爱国热忱和革命乐观主义精神。

（5）介绍作者生平及其创作

3. 研

① 将水生嫂与祥林嫂等其他女性比较，也可将《荷花淀》与《山地的回忆》比较，也可将这篇小说与其他战争题材的小说比较阅读，写成短文。

② 师生共同讨论、交流，开展研究性阅读。了解作者自己谈创作本意的文章《关于〈荷花淀〉的写作》（见《孙犁书话》），搜寻其他人的读解文字，如林志浩的《充分体现孙犁艺术特色的〈荷花淀〉》、郝宇民的《〈荷花淀〉战争小说的一曲纯美的绝唱》（见《教师用书》），也可从多种现、当代文学史、课本所列的网站中去查找相关资料。

（四）戏剧教学设计

三块钱国币

教学目标：

1. 认知目标

（1）了解丁西林的生平及其作品。

（2）了解独幕剧的一般特点及作者、剧本的独特风格。

（3）从整体上弄清剧中的人物关系及剧情发展。

（4）理解剧本巧妙、严谨的结构，尖锐多向的矛盾冲突，幽默、诙谐而富有讽刺意味的语言。

（5）通过写作研究性小论文的形式对剧本的主题、人物进行评价、阐发，甚至能提出自己独到的见解。

（6）能在理解剧情发展、人物性格、语言风格的基础上续写。

2. 情感目标

（1）阅读后能产生阅读丁西林其他作品、课后排练的愿望，有意模仿本剧的写作特点。

（2）在阅读中获得愉悦、满足，能对剧中人物命运产生共鸣。

（3）能联系当今社会和自己的标准对剧中的人、事作出价值判断。

3. 审美目标

（1）能通过自己的生活经历、阅读积累，在阅读时通过想象、联想创造出比剧本更丰富、更广阔的审美情境。

（2）对剧本的喜剧美、结构美、人物美、语言美等进行说明。

教学内容与过程：

1. 课前预习

学习《现当代戏剧鉴赏》，在认真阅读"课文提示""舞台说明"的基础上，初步思考主题、人物、剧情、结构、语言等。

2. 分角色朗读

(1) 自荐扮读：一人读"舞台说明"，另五人分别扮吴太太、杨长雄、成众、李嫂、警察。注意人物性格的发展和场合的变化。

(2) 其他同学通过想象、联想复现作者笔下的人、事、物、景。

3. 理解剧中情节发展、矛盾冲突、人物性格、主题思想

(1) 教学过程：问——读——想——议——评——结。

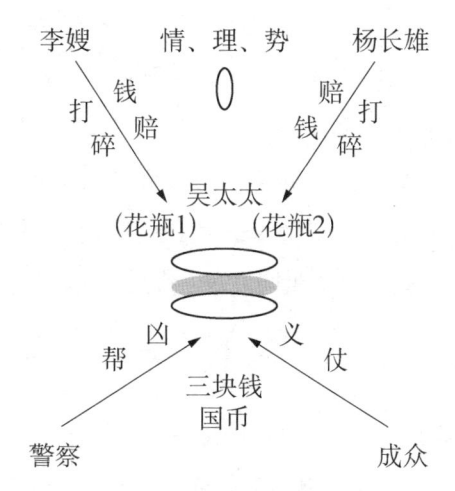

图 9-4 《三块钱国币》情节发展、人物关系图

吴太太（长舌、欺人）

李嫂（勤劳、朴实）

杨长雄（见义勇为）

成众（排难解纷）

警察（趋炎附势）

(2) 解说

① 剧中矛盾冲突由李嫂打碎吴太太的一只花瓶而起，围绕由谁赔而展开，以杨长雄打碎另一只花瓶而终结。年轻的女佣李嫂失手打碎了吴太太的一只花瓶。吴太太要李嫂按原价赔偿三块钱国币，同院房客杨长雄说不应该赔。二人由此发生矛盾冲突（开端）。吴太太逼他说出道理，同时辞退李嫂，招来警察，典押铺盖。杨长雄被迫抗战，论情、论理、论势，逐一驳斥、阻止。矛盾冲突逐步展开（发展）。

杨长雄阻止未果,气恼几近失控,适见吴太太因典押结果出现意外感到尴尬,情不自禁骂吴太太是"无耻泼妇";吴太太抓住杨长雄的失言,恶语相加,再三进逼。杨长雄忍无可忍,打碎了吴太太的另一只花瓶,引得吴太太"血管暴涨,双手撑腰"。矛盾冲突尖锐到极点(高潮)。杨长雄忽然灵犀一通,摸出三块钱国币作为赔偿。剧情戛然而止(结局)。

② 评价人物性格时结合"舞台说明"中作者的交代和剧中人物对白的自我流露理解,并作出自己的评价。如吴太太除长舌欺人之外,剧中的她在物价飞涨、漂泊在外的情况下的这点要求并不过分;杨长雄,除善辩外又含狡辩,勇敢又显鲁莽。

③ 在了解背景的基础上总结主题思想:结合"舞台说明"中作者的交代和剧本开头吴太太的独白、剧中杨长雄的辩驳,可知是在抗战时期的1939年前后物价飞涨、兵匪官僚横行的大后方,一群各色人的生活情状,在打碎花瓶与赔偿三块钱国币的矛盾冲突中,歌颂了杨长雄等爱国群众同仇敌忾,揭露吴太太等人盘剥欺压下层人民的丑恶嘴脸。

4. 语言(喜剧)

鲁迅说:"喜剧就是把无价值的东西撕破给人看。"本剧属喜剧,除去个性化兼富动作性的语言这个话剧的一般特点外,"课文说明"提示"欣赏作品幽默、诙谐富有讽刺意味的语言"。因为《中国大百科全书·中国文学》"丁西林"条介绍了作者留英期间受英国近代喜剧的影响,善于从人情世态中发现喜剧因素。这种喜剧因素除剧情本身逆转出人意料之外(如因为吴太太是外省人,当铺的少奶奶给了她三块钱国币而不要李嫂的铺盖;最后杨长雄打破另一只花瓶递上三块钱国币等),最主要的体现在剧本的"舞台说明"(如吴太太——"如果外省人受本省人的欺侮是一条公例,她是一个例外";成众——"如果一个人厌恶女人的啰嗦,喜欢替朋友排难解纷是一条公例,他好像是一个例外"等)和"人物对白"(如杨长雄:"啊,别忙,别忙。你说的是毁坏了别人的东西,可是你不是别人啊!我问你,李嫂是不是你的佣人?""当然你没有叫她打破。如果是你叫她打破,那就变成执行主人的命令,替主人打破花瓶,那就只是做得快不快,打得好不好的问题。""这就错了,该有花瓶的人,不会把花瓶打破,因为她没有打破的机会。动花瓶的人,擦花瓶的人,才会把它打破。擦花瓶是姨娘的职务,姨娘是代替主人做事。所以,姨娘有打破它的机会,有打破它的权利,而没有赔偿的义务"等等)。要反复品读,注意人物的动作、表情;在诵读时,注意处理人物语言的重音。

5. 补写情节(独幕剧)

独幕剧多是把矛盾尖锐集中的一个小片断搬到舞台。本剧开始前的省略,结束时的逆转都留有大片空白。在理解剧情发展、人物性格及语言风格的基础上补写前后情节。

6. 课外演出

排演本剧,或补写情节,也可以通过在课文改编中添加其他情节。注意舞台设计、道具、服饰等,并且组织师生观看、评价。

7. 课外练习

(1) 了解丁西林及其创作。

(2) 阅读丁西林的其他作品和对其人其作的评析文章。

(3) 写作研究性小论文。

如"1939年的中国""楚河汉界——话《三块钱国币》中的棋""冷眼热肠话成众""我看杨长雄/吴太太""《三块钱国币》的语言艺术""损坏主人的东西该不该赔偿"等等。

（五）文学欣赏专题课实录

课题：《断章》取义之旅

时间：2002年11月27日

地点：高一(4)班教室

布局：U型排列

主持教师：张心科(下简称"张")

参加人员：高一(4)班全体学生和姚毅、陈峰老师

张：船在大海上平稳地航行，我们会有兴致欣赏前方影影绰绰的小岛、自由飞翔的海鸥。如果我告诉大家船即将沉没，我想大家除了紧张外，是无暇顾及这些美景的。今天的高一(4)教室就像一艘航船，姚老师、陈老师和我们一道欣赏美丽的风景。我把这次航行叫"《断章》取义之旅"，因为今天我们要从三个角度解读卞之琳的《断章》的意义。

屏幕显示：

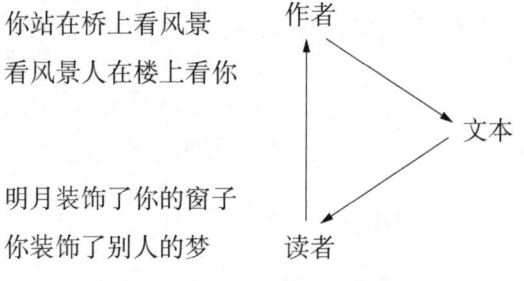

你站在桥上看风景
看风景人在楼上看你

明月装饰了你的窗子
你装饰了别人的梦

图9-5　作者、文本、读者关系图

我们先请课代表李亚楠朗诵这首诗，我来配一段背景音乐。

李亚楠：朗诵

张：李亚楠的朗诵和音乐配合得十分完美！下面我先谈谈作者中心论的读法。这种理论认为作品是作家心灵的产物，阅读就是从作品中提取作者的本意。所以要了解：(1)创作的时代背景。(2)作者的生平经历。(3)作者本人对作品的解释。有没有好处呢？有，因为可加深对作品的理解。如鲁迅的《故事新编》有两篇小说，《补天》写女娲造了许多人，其中一个古衣冠小丈夫站在女娲两腿之间，他发现女娲没穿裤子，连忙捂住眼，口中念道：不能看！不能看！古者，胡也。绩溪

人胡梦华在当时是一个批评家,他看了同乡汪静之写的一些爱情诗说:不能看!不能看!鲁迅在此是批评那些封建假道学、卫道士。《理水》里写洪水泛滥时还有一个红鼻子鸟头先生在大谈"大禹"是虫还是人的问题。拆"顾"字为"隹"(短尾鸟)"页"(额头),会发现原来红鼻子鸟头先生指著名历史学家顾颉刚,他有酒糟鼻,他认为"禹"字含"虫",故不是治水的英雄,而是一种动物,类似于原始先民的图腾崇拜。鲁迅在此处讽刺那些钻故纸堆的学者只顾空谈,不研究匡时济世的学问。可见,了解这些与背景创作相关的人事,对阅读有参考价值。但有时无用。如许多人根据《故都的秋》创作的时间认为是因为作者在国民党的白色恐怖威胁下思想苦闷而创作成文的。此文创作缘起在《达夫日记》中有载,上厕所,从槐树阴中看见了半角云天,竟悠悠然感到了秋意。又因催稿信所逼,成就了这篇佳作。国民党与上厕所、催稿信有什么关系?我们再谈谈读者中心论的观点。他们认为作家创作的东西只是白纸黑字,只有经读者阅读,加入了自己的主观感受之后才能算作品。因为作品是一个有众多空白点、未定性的开放结构,而读者的知识、阅历又千差万别,所以会有多种阅读结果。我就是从这个角度来要求大家读《断章》的。王歌同学读了四遍读出了渺远、哀伤、渴望、说理四种感觉,她说读《断章》一千遍就有一千种思绪,读一万遍就有一万种思绪。大家的观点各异,下面请大家交流。

黄晔:我读我写的欣赏文字——初读这首小诗,心中竟涌起一股深深的凄凉。区区四行诗,也只有这四行诗,让它成为一朵开在艺术花园里的——也许不起眼,却不可缺少——的小花。仅仅四句,我便体会到了浓浓的相思之情,带着几丝忧伤,缠绵不止。

你就这样站在桥上看着风景,微风吹着你的长发,阳光撒在你的脸上。你或抬头,或低眉,或望空中悠游的飞鸟,或看桥下脉脉的流水。看似平静的你,其实早已坠入爱河,陷入了深深的思念。

就在这美丽的傍晚,你也许想到有人也在默默地思念着你。当你在桥上,纤瘦的身体和晚风中飘舞的长裙,早已成了他眼中的风景。在他眼里,你是那么美的一片颜色,以至于他不敢接近,怕你会像受了惊吓的鸟儿,振翅飞去;又怕自己一不小心毁了这美丽的风景,便静静地待在远处,观赏着。只要有你,蒙娜丽莎又算得了什么呢?

真正了解你的是你自己。你知道你并不是看风景,因为你的心早已被思念得一片如白练般洁白的月光所笼罩。你心灵的窗户已如一汪秋水,倒映出了你的思念所在。任凭孤独玩弄,任凭寂寞嬉笑。我已看见你的天空了,是压抑的,是灰色的,是飘着想的云,是挂着冷的月。

深夜,平静的你平静地进入了他的世界,成了他梦中的主角。梦中他与你走在被晨光染上了一层金黄的湖边,手拉着手,快乐地笑着,跑着,一对鸟儿从湖面飞过,便起了一道凝碧的波痕。甜蜜的梦映在他甜蜜的睡脸上,你却不知道这正发生的一切,还在自己的梦中观赏你所思念的那道风景。

张:不错!第五册有北大名教授谢冕写的《重新创造的艺术天地》一文,他认为鉴赏诗歌要用"泡"的办法,干的茶叶用水一泡,便或亭亭玉立,或"轻舞飞扬"。鉴赏诗歌就要用想象、联想,创造出比原诗更丰富的意象、更广阔的意境。黄晔同学做得很好。她说是"相恋",谁有不同主张?

郑军:我写了一首诗表达我的感想,念给大家听听——桥下春波柳枝柔,风雨凄凄缘何愁。惊梦沈园伊人困,青丝绵绵为谁留。

张:撇开是否合平仄不谈,读《断章》想到了陆游的《钗头凤》,想到的是如恶"东风"的婆婆,拆散了陆游和唐婉这一对恩爱夫妻,想到了别离后的相思。不错,这种读法很别致。

窦孝俊:我认为"你"是一位纯情美丽的女子,她站在临楼的小桥上欣赏远处的风景,楼上一位潇洒的小伙也在欣赏风景,突然,他像发现了新大陆似的发现了她这绝妙的风景。明月映在爬满藤蔓的雕花窗棂的时候,他还不愿离去,他想这女子定是孤独的、寂寞的,越发如痴如梦。

张:窦孝俊说是"单恋",也有道理,如《关雎》里的淑女"求之不得",《蒹葭》里的伊人永远"在水一方"。大音乐家冼星海就把这首诗解读为爱情诗。20世纪30年代他回国后,钟情盛宣怀的孙女。1936年他为之谱曲,并注明"徐缓""带感伤"。说完了"爱情说"。下面请持"哲理说"的同学谈谈自己的看法。

田玉娇:有人说这诗的情感过于缠绵、复杂,孤独、伤感,读后如嚼橄榄,酸甜之余,多少有点苦涩。但给我的感觉并非如此。前两句是说你在欣赏风景中陶醉,在一般人眼里,你是享受者、消费者,而在作者眼里你成了别人的风景,你因此变成了服务者、生产者。后两句也是如此。

赵珊珊：作者像是位哲学家启迪我们，当别人装饰我们的生活时，我们同样也装饰了别人。没有绝对的主体、客体，而是相互转换。人生就是这样相互影响，相互制约。

张：你们都是谈相互转换的，真不错！作者本人也这样认为的。他说：表达"相对相衬、相通相应的人际关系"。一些作者中心论者以此为据，并比照他的写于同一时期的《圆宝盒》《航船》等，并联系他对庄子、纪德相对主义的研究，认为这首诗是讲相互转换的。如"独自在山坡上/小孩儿，我见你/一边走，一边唱/都厌了，随地/捡一块小石头/向山谷一投/说不定，有人/小孩儿，曾把你（也不爱也不憎）/好玩地捡起/像一块小石头/向尘世一投。"多么相似！但批评家李健吾认为作者的说法剥夺了读者的权利。他说："还有比这再悲哀的，我们诗人对于人生的解释？都是在装饰：'明月装饰了你的窗子，你装饰了别人的梦'。"有没有谁的观点和大批评家李健吾的"装饰说"是一致的？

陈虎：我认为诗阐发了这样的哲理：人生如同正在舞台上上演的一场戏，这里没有主角，每个人在此都只是配角，相互陪衬，充分地揭露了人与人之间相互倾轧、相互利用的关系。我读一下我的赏析文字——无论是哪种情景都始终无法摆脱这一种淡淡的悲哀：当你伫立在桥上时，你和这桥竟然成为别人眼里的风景，甚至成为他梦中的主角，变成他不知名的回忆。诗人赋予这首小诗丰富的人生哲理让人们去思考：可能是爱情的遥不可及，也可能是感叹知音难觅，抑或是怀才不遇，这些都是诗人笔下的梦。梦中的事总是虚幻而飘渺的，自身追求的只有在梦中才得以实现。睁开眼，窗外依旧是那片风景，而那个"装饰了别人的梦"的人，他的心依旧在漂泊流浪，找不到自我。

李藜：我认为"你""人"一直处在相互围观中，在"看"与"被看"中不能主宰自己，实在无奈。

张：据说舒婷在一次有关她的朦胧诗的研讨会上失声痛哭，因为她认为别人误解了她的诗。我想诗是她创作的，但未必认识到自己的诗的潜在的意义。李健吾认为作者说的没错，他说的也没错，读法越多，越能丰富作品的内涵，"与其看作冲突，不如说成相成之美。"希望大家能交流更多的阅读成果。

张琳林：我认为这里有"你"，有别"人"，而没有"我"。"我"的退场，表明的是孤独、无聊。"我"在寻求隐逸，而无意中看到这个场面，在一旁静静地观看，看到的却都是在装饰，觉得更没意思，不如远离尘世的喧嚣。

李亚楠：我认为前一半是写绝望，后一半写充满希望，因为还有明月相伴，还像别人一样有梦。

郑冰：我认为是谈师生关系。你看"风景"，其实你是在看书。朱熹有首诗《观书有感》："半亩方塘一鉴开，天光云影共徘徊。"表面上写风景，实际上不是写观书吗？"看风景人在楼上看你"，老师看到你读书，你又成了他眼中的一道亮丽的风景。"明月装饰了你的窗子"，指书中的知识充实了你，你的心如月泻地一般澄净。"你装饰了别人的梦"，指你可能会实现老师的梦想。

张立蓉："你"只有站在桥上看，花草树木才成为风景；"人"只有在楼上看"你"，"你"才成为"风景"，我想可以解读为只有距离才能产生美。

张：这真是"一千个观众有一千个哈姆雷特"，可见，我们既要关注作者的本意，又要突出自己的独特体验。今天的交流正印证了《语文课程标准》中"学生的反应是多元的"说法，印证了我正在研究的接受美学的合理性。

周代川：老师，我认为这首诗写得一点也不好，明月怎么可能装饰了窗子？月光吧？也不可能，世上只有激光经过15万公里依然不分散，月光是散射啊！另外，第一句8个字，第二句9个字，第三句8个字，第四句又9个字，绝句不像绝句，律诗不是律诗，题目叫《断章》，总得按"章"办事吧！

张：敢全盘否定，这种怀疑的精神值得赞许，但要注意欣赏文学作品不能用科学研究的眼光，要用审美欣赏的眼光，不然的话，我们看"白发三千丈"就不科学了，好像没有这种长三千丈白发的地球人。另外，"《断章》"的"章"不是"规章"的意思，作者说这首诗不是一首完整的诗，不过也可独立，所以叫《断章》。你说的"绝句不像绝句、律诗不像律诗"，正是作者在艺术技巧方面的独特之处。我看了大家的赏析文字，很少有谈艺术技巧的。文本中心论只关注作品的艺术技巧，当然不对，我们要结合作品内容，理解艺术形式。下面我带大家来分析一下这首诗的艺术技巧。

屏幕显示：

（一）词语的选用　（二）句式的长短　（三）韵脚的选押

（虚实美）　　　　　　　（建筑美）　　　　　　　（音乐美）

1. 桥　楼　窗　梦　　　——　　　　　　　ing　b

2. 风景　明月　　　　　——　　　　　　　i　a

3. 看　装饰　　　　　　——　　　　　　　i　a

4. 你　人　　　　　　　——　　　　　　　en　b

"桥、楼、窗、梦"这四个字让我联想到中国古典文学里的许多名句，如："驿外断桥边，寂寞开无主。""明月楼高休独倚，酒入愁肠，化作相思泪。""梳洗罢，独倚望江楼，过尽千帆皆不是，斜辉脉脉水悠悠。""夜来幽梦忽还乡，小轩窗，正梳妆。"还有不可胜计的记梦之作。"风景"有哪些？"你""人"到底指谁？大家闭上眼睛想想看。

学生：桥前的风景可以是田田的荷叶，或是繁忙穿梭的船只，甚至是一片摧残的狼藉。向前看也许是一个三家村，袅袅炊烟，几声犬吠。再向前看是水如明镜，山如眉黛……也许伫立桥头的是个美丽的女子，也许是一个潦倒的书生，也许是一个意气风发的才子，抑或是一位不得志的仕人……

张：可见，作者选用的词语看起来是实的但又是虚的，能引发我们的想象、联想。我们再看句式的安排，突破了传统格律诗过于整饬的呆板，短长短长，在整齐中追求变化，极具建筑美。韵脚的选押，借鉴十四行诗的韵律，又用仄声，承接之中极富节奏感，产生一种音乐美。希望大家在课外对这首诗的艺术技巧方面多揣摩揣摩。好，快到达胜利的彼岸了，我们的"《断章》取义之旅"即将结束，让我们在音乐声中默念自己心中的《断章》！

点评：

1. 枷锁解除之后

观张心科老师的《"〈断章〉取义"之旅》一课，颇多创意，听后颇受启发。这是一堂在宽松、和谐的氛围中，以交流、对话的形式探究问题的好课。教师关注学生的学习状态，关注学生的情感世界，尊重学生的差异性和多样性，张扬主体意识，倡导学生对文本的多解，呼唤个性化的解读方式。课上教师虽旁征博引，却意在启发思维,激励思考;学生虽不无羞怯,却已是交流、对话的主角。在这个解放了的课堂上,学生初步成为了文学欣赏的愉快的体验者和幸福的发现者。传统教学的枷锁已然除去,学生的身形虽然尚未全见矫健灵动,但期以来日,可以预言,在解放了的奴隶面前展开的,将是可以自由驱驰的广阔的疆域。

(姚毅,全国优秀教师,省首届教坛新星)

2. 年轻的水手

桌椅环形排列,这里是会议室?不,这里是高一(4)教室。同学们正在高谈阔论,是什么有趣的话题?黑板上的诗歌《断章》昭示谜底,哦,原来这是一节诗歌赏析课。看,最不爱发言的同学在慷慨陈词;啊,平时最腼腆的女孩子按捺不住发表的冲动。这里没有漫不经心的沉默,没有喊喊喳喳的嘈杂,不同的看法此刻汇聚成河。思维在这里碰出火花。一些常常把语文看成是鸡肋的人,此刻也许明白母语的博大、精深、奇妙。一首白话诗竟有如此多的解,真是"横看成岭侧成峰,远近高低各不同"。平日里具有浓浓书卷气息的张心科老师,此刻就像一位具有丰富经验的水手,带领着同学们在文学的江河中嬉戏畅游,或指点迷津,或击水赞赏,或大声叫好,或托身扶持。同学们在老师的带领下正兴致勃勃地"到中流击水"。

(陈峰,高级教师)

附录:学生课后对艺术技巧的赏析两篇:

1. 卞之琳:高明的摄影师

短短的四行文字为读者留下了无限遐想的空间,又给人以悄然启迪,引发人生的感悟。作者也好像是一位摄像大师,巧妙地运用镜头焦距的长短。当观赏时,觉得视角开阔,各画面间又相互联系,而相互关联的又是一个点,或一个人,或一个物。两画面的距离拉得如此之近,真不可思议。作者为读者摄取了或实或虚的画面。从平淡的写实到象征性的虚写,镜头的切换非常自然,使得读者的思绪如同圣诞节家家窗户上那透明的玻璃慢慢染上那童话般的白雾,变得浪漫、飘渺。

(赵珊珊)

2. 简短的篇幅，丰腴的意蕴

短短的四句诗，普通的三十四个字，没有"小桥流水人家"般的细腻，不似"鹰击长空，鱼翔浅底"般的大气，但读过一遍，你的心底便开始涌入一股清泉。

这，是一种极致，一种意境。读者读到前两句"你站在桥上看风景，看风景的人在楼上看你"，很自然的，自己漫步桥头，望着碧水清波，欣赏着远处蓝天白云下的景致。此时，水边楼阁人则倚窗眺望，嗑着瓜子。看的人驻足观望的你，此时的你就取代了身边的景物，变成了别人眼中的"风景"。一个生活中小小的细节把读者引入了一个简单却从未想过的问题，于是停了停，又迫不及待地读下去。

"明月装饰了你的窗子，你装饰了别人的梦。""明月"浅浅的光洒在你的窗上，让窗儿多了一份陪伴。而你呢？就去"装饰"别人的梦，让那个梦不再寂寞，因为有你，使他的梦变得绚丽起来。于是你就成了那梦中的"明月"，把清辉洒在他的睡梦中。这两句诗带来了一种至深的情愫。

丰富的意蕴隐藏在简单的文字中。生活中微不足道的小细节，用精炼的笔墨和心中的深情熔铸完成一幅"风景画"。这里没有华丽的辞藻、激昂的文字，也没有冗长的铺排和作者痴情的呼唤，却表现了作者对生活的态度：用心体会生活就会有料想不到的惊喜。在这里只需要一种细节、一种简单，因为简单的细节远比复杂的世事往往更能扣动人们的心弦，换来心灵的会应。

（张立蓉）

第十章

接受美学指导下的中学
文学教育实验研究

一、实验目的

以接受美学理论为主,参照其他阅读理论、现代教育学和心理学理论,将课堂文学阅读教学、课外文学阅读指导结合起来,强调文学阅读过程中的主体性、阅读结果的创造性,以调动学生学习语文的积极性,提高文学阅读能力,提高语文学习成绩。

二、实验对象

合肥工业大学附中高一(4)班有47人,高一(5)班有48人(实验期间有借读、转学的情况)。这两个班严格按中考成绩以S型混合编班。学生在智力、非智力、性别、年龄及语文学科成绩等方面均无显著差异。高一(4)为实验班,由本人执教,高一(5)为对照班,由一个教龄较长、经验丰富的老师执教。

三、实验设计

一方面,由于高一学年的《语文》新教材虽编入不少文学作品,但不是作为文学阅读材料,而是作为一般阅读材料;高二学年的全部是文学作品,按文体编排;高三学年的有三分之二是文学作品,按作家或内容编排。另一方面,文学阅读能力的培养并非一蹴而就的,而是一个长期渐进的过程。所以,根据工作安排和学生学习的实际情况,把本实验分为如下三个阶段:

第一阶段:文学阅读基本能力培养。

第二阶段:文学文体鉴赏能力培养。

第三阶段:文学专题研究能力培养。

四、第一阶段实验

(一)实验内容、过程(2002年9月——2003年8月)

1. 推荐书目、网址

以《全日制普通高级中学语文教学大纲》(人民教育出版社2002年版)"关于课外读物的建议"中所列的书刊加以补充,总计100余种,供学生选择;以《中小学课程网络资源索引(语文英语分册)》(清华大学出版社,2002年版)中所列的网址(包括文学基础知识:四大文学体裁及名作欣赏,语法知识,修辞知识,文学鉴赏知识;文学发展简况:中国古代文学、中国近代文学、中国现代文学、中国当代文学、外国文学;文言文阅读:常见文言实词、虚词和主要文言句式的用法,古典诗文知识和文学作品欣赏;课外阅读及讨论:文学、文化经典,成语典故,前沿科学,其他,名家名作,报纸杂志)加以补充,总计70余个,供学生登陆。规定每人每周阅读单篇作品不少于4篇,每月阅读整本著作不少于1本。要求学生在课外阅读(包括假期)时,做读书札记或下载文件,其中读书札记每周不少于700字。旨在引导学生广泛阅读作品,学习阅读作品的知识。

2. 主持"文化早餐",开展"读书报告会"

学生轮流主持每天早读课前五分钟的"文化早餐"。内容不拘,不管是学习中还是生活中遇到的,不管是课内的还是课外的,不管是有关政治、经济的还是有关自然、社会的……都可向同学介绍,和同学交流。每星期举行一次"读书报告会"。师生在一起读自己所带的读物,交流心得,相互推介。或就某一问题,展开讨论。旨在深入理解生活,表达阅读体验。

3. 狠抓课内阅读教学,搞好课外方法讲座

学生的学习,常常得法于课内,得益于课外。课堂是教学的主阵地。教学时,以接受美学理论为主并参照其他阅读理论、现代教育学和心理学理论,设计好每堂课,组织

好每堂课,强调文学阅读过程中的主体性、阅读结果的创造性。以课文为例子让学生掌握方法,提高能力。每隔一星期举行一次讲座,如《文学阅读方法》《文化常识》《美学常识》等等。选择高中《语文》其他各册中的作品,让学生用这种方法阅读。

这一阶段的实验,以上面三点为主,也常涉及第二、三阶段的内容,三阶段的安排只是各有所侧重,并非严格分开,因为能力的提高往往是螺旋式而非直线式上升的。

(二) 第一阶段实验结果分析

1. 阅读情况比较分析

表 10-1 高一学年阅读教学情况比较分析

内容	时间 班级 人数		高一入学		高一结束	
			实验班	对照班	实验班	对照班
阅读教学	很喜欢	老师讲得好	8	6	36	12
		教材有魅力	13	12	32	16
	不喜欢	老师讲得不好	19	20	2	23
		教材无魅力	17	6	1	2
	说不清楚		0	2	1	0

表 10-2 高一学年课外阅读情况比较分析

内容	时间 班级 人数	高一入学		高一结束	
		实验班	对照班	实验班	对照班
课外阅读	大量阅读,受益匪浅	5	4	34	12
	读了一些,有所收获	21	20	7	20
	没时间读	11	13	4	13
	没有兴趣	9	8	0	8

表 10-3 高一学年阅读倾向情况比较分析

内容	时间 班级 人数		高一入学		高一结束	
			实验班	对照班	实验班	对照班
阅读对象	诗歌		2	3	29	10
	散文		19	17	32	20
	戏剧		1	0	11	6
	小说	武侠小说	5	4	1	12
		言情小说	2	5	0	11
		侦破小说	6	8	1	14
		经典小说	28	27	45	30

分析：从上表可以看出，高一刚入学时实验班与对照班在对阅读教学的看法、课外阅读、阅读倾向等方面无明显差异。因为学生绝大多数是从本校初中升入的。对于阅读教学，无论是很喜欢还是不喜欢的同学，都认为老师讲得不好的比认为教材无魅力的人数多。关于课外阅读，大量阅读的同学少，读了一些的同学多。因为刚经历初三阶段的复习，课外阅读的时间较少。从阅读倾向可以看出，读诗歌、戏剧的同学少，读散文、小说的同学多。读小说的同学中读经典、侦破的较多，读武侠、言情的较少，这一点和其他人许多的调查并不一致。但在近一年后，实验班同对照班相比有了明显差异，主要体现在实验班很喜欢课内阅读教学的人数上升很多，不喜欢的人数下降很多。对照班很喜欢的人数虽也有所上升，但主要是认为教材有魅力。实验班课外阅读的兴趣、阅读时间、阅读数量大增，对照班有所变化，但没有实验班显著。阅读对象方面，实验班主要体现在阅读诗歌、戏剧的人数上升很快，而对照班读武侠、言情、侦破的人数比高一入学时要多。可见，经过近一年的课内阅读教学和课外阅读指导，本实验取得了明显的效果。

2. 考试成绩比较分析

表10－4　第一学期期中、期末考试成绩比较分析

学期 班级＼指标	第一学期期中考试				第一学期期末考试			
	平均分	及格率	优秀率	标准差	平均分	及格率	优秀率	标准差
实验班	69	88％	6％	7.08	70	96％	6％	6.06
对照班	68	86％	4％	7.32	66	91％	0％	6.16

表10－5　第二学期期中、期末考试成绩比较分析

学期 班级＼指标	第二学期期中考试				第二学期期末考试			
	平均分	及格率	优秀率	标准差	平均分	及格率	优秀率	标准差
实验班	74	85％	46％	13.38	79	100％	54％	7.8
对照班	67	74％	23％	16.77	66	81％	8％	10

说明：期中试卷由校内年级之间交换命题，期末试卷由合肥市统一命题。卷面为100分。因为常有转学、借读现象，故数据以教务处的统计为准。

分析：由于高一各班在初进校时，严格按入学成绩分班，所以各班整体成绩基本持平。因此，本实验的起点状态很理想，便于以后的对比。从第一学期期中考试的成

绩统计来看，实验班与对照班差别不大，可见一开始效果不是很明显。经过近一年的教学实验，从第二学期期末考试成绩统计来看，与对照班相比，实验班学生的成绩有了较大的提高：合格率提高，标准差减小，表明教学实验对于提高学生的语文水平（当然包括文学阅读水平）具有一定的效果。而对照班由于近一年的一般性语文训练，学生的成绩也得到了一定程度的提高。但是，标准差增大，说明无法保证大面积提高学生的语文水平。

第十一章

接受美学视角下的文学作品研究鉴赏示例

一、卞之琳《断章》主题多义例说

接受美学家姚斯说:"一部文学作品,并不是一个自身独立、向每一时代的每一读者均提供同样的观点的客体。它不是一尊纪念碑,形而上学地展示其超时代的本质。它更多地像一部管弦乐谱,在其演奏中不断获得读者新的反响,使本文从词的物质形态中解放出来,成为一种当代的存在。"[①]因为文学作品是一个由不同层次和维面构成的"召唤结构",其中的语义、句法、结构、意境等存在的未定性和空白点星罗棋布,给读者预留了多处想象和联想的空间。而读者的情况又千差万别,不同的民族、时代和时节、环境以及知识水平、阅读态度的读者在确定未定、填补空白时就产生了见仁见智、歧义百出的现象。卞之琳写于 1935 年的《断章》:"你站在桥上看风景 看风景人在楼上看你 明月装饰了你的窗子 你装饰了别人的梦",仅 4 句 34 个字,却使人们在不断阅读时读取了多种意义。有人倡哲理说,有人主爱情说。哲理说又可分为相对关联说和装饰悲哀说,爱情说又可分为相思说和单恋说,还有其他多种说法。

1935 年前后,作者在研读纪德的作品,参悟庄子的真谛。他在这期间的诗作如

[①] H·R·姚斯,R·C·霍拉勃.接受美学与接受理论[M].周宁,金元浦,译.沈阳:辽宁人民出版社,1987:26.

《航船》《圆宝盒》等都带有浓厚的哲理色彩,这也成了将《断章》解读为哲理诗的旁证。

(一)相对关联说

作者自己解说:"我着意在这里形象表现相对相衬、相通相应的人际关系。"①可见,他是在强调相对的关联。"你站在桥上看风景",你在欣赏、玩味风景中陶醉,在一般人眼里,你是享受者、消费者;而在作者的眼里,你又成了别人的风景。"看风景人在楼上看你",你因此变成为服务者、生产者。在这个世界上没有绝对的主观、客观,一切都在相互转换着,又相对相依、相通相应。诗人余光中就此作了精彩的阐发:"它更阐明了世间的关系有主有客,但主客之势变易不居,是相对而非绝对。你站在桥上看风景,你是主,风景是客。但别人在楼上看风景,连你也一并视为风景,于是轮到别人为主,你为客了。明月装饰了你的窗子,你是主,明月是客。但是你却装饰了别人的梦,于是主客易位,轮到你做客,别人做主。同样一个人,可以为主,可以为客,于己为主,于人为客。正如同一个人,有时在台下看戏,有时却在台上演戏。"②也就是说,主与客相互转换,人与人与物息息相关。

(二)装饰悲哀说

李健吾认为:"还有比这再悲哀的,我们的诗人对于人生的解释?都是装饰:明月装饰了你的窗子,你装饰了别人的梦。"③也就是说,人生如同正在舞台上上演的一场戏,这里没有主角,每个人在此都只是配角。人与人之间是相互陪衬、相互利用的关系。这样诗中就充满着一种无限的、无奈的悲哀情怀。诗人阿垅甚至斥之为"罂粟花",他说:"多绝望的诗!多绝望的哲学!在第一节,风景是风景,人是风景,人世和人生是风景。还有色彩光影的存在。在第二节,宇宙是装饰,我是装饰,装饰了梦。什么也不是,什么也没有。"④一切走向空寥、虚无。

如果撇开"看"与"被看"、"装饰"与被"装饰"这些情节不谈,我们会发现诗中的"桥、楼、月、窗、梦"这五个基本要素却是中国古典诗词里涉及男女之情的常见意象,如"明月楼高休独倚,酒入愁肠,化作相思泪","梳洗罢,独倚望江楼,过尽千帆皆不是,斜辉脉脉水悠悠","月上柳梢头,人约黄昏后","夜来幽梦忽还乡,小轩窗,正梳妆",还有不可胜计的记梦之作。所以,不少人认为这首诗写的是爱情,抒发了一种缠绵、愉悦或孤独、伤感的情调。非常有意思的是,据作者回忆,当年在延安时,作曲家冼星海有一

---

① 卞之琳.关于《鱼目集》[A].江弱水,编."断章"取义[G].合肥:安徽教育出版社,1999:4.
② 余光中.诗与哲学[A].江弱水,编."断章"取义[G].合肥:安徽教育出版社,1999:70—71.
③ 李健吾.鱼目集[A].江弱水,编."断章"取义[G].合肥:安徽教育出版社,1999:4—5.
④ 阿垅.人生与诗[A].江弱水,编."断章"取义[G].合肥:安徽教育出版社,1999:36.

次和他闲谈,告诉他曾把《断章》谱过曲。后来研究者发现谱稿上注有"徐缓""带感伤""1936年写于上海""此曲题名赠盛建颐"。盛建颐是盛宣怀的孙女,是冼星海回国后第一个钟情的对象。不过有关"爱情说"也有以下两种:

(一)相思说

"你站在桥上看风景 看风景人在楼上看你","你"和"看风景人"都把对方当作风景一样欣赏,相互眷念、爱慕,久久不肯离去,直到明月照窗、悄然入梦之时。

(二)单恋说

"你站在桥上看风景",你是无意的;"看风景人在楼上看你"是有心的。甚至还要连同你窗上的明月,带入他的梦境。你对于他来说,如同《关雎》里的淑女"求之不得",《蒹葭》里的伊人永远"在水一方",他只有在楼上看你,在窗外梦你。

当然,有关这首诗的主题还有"热爱生活说""人际扬善说""参禅悟义说""寻求隐逸说""距离生美说"等等。正如作者在一篇名为《"不如归去"说》的文章中说的,不同地方的人从布谷鸟的叫声中听出了不同的情思。芦焚觉得是"光棍扛锄",李广田认为是"光光多锄",而他自己觉得是"花好稻好",还有"布谷""郭公""割麦插禾""不如归去"等等观点,可谓蔚为大观。所以,作者认为读诗也一样,"读诗确乎可以读出诗作者本没有意识到的意蕴,只要言之成理,不背离原作合乎逻辑的架构(我相信思维,不是做梦,总有逻辑)就不是歪曲。"[①]

(《中学语文》2004年第8期;作者:张心科)

二、咫尺、天涯:顾城的《远和近》赏析

你,　　　　　我觉得,
一会儿看我　　你看我时很远
一会儿看云。　　看云时很近。

20世纪80年代,中国诗坛出现了一个以顾城、舒婷、北岛为代表的新的诗歌流派——朦胧诗派。他们的诗歌,从形式上看追求整体象征,其意象多具有不透明性和多义性;从内容上看追求自我价值,常有对历史、传统的批判意识和忧患意识。

顾城这首《远和近》,仅2节25个字的短小篇幅,却包蕴着极丰富的内涵。上节写

---

① 卞之琳. 相干与不相干——谈秋吉纪夫论《尺八》诗一文随笔[A]. 江弱水,编."断章"取义[G]. 合肥:安徽教育出版社,1999:25.

"你"的行为,下节写"我"的感受。"你"与"我"是同类,与"云"是异类。"我"是有情之人,而"云"是无情之物。而"你"却在有情的同类与无情的异类之间犹豫、踟躇。"一会儿""一会儿"极言看的时间之短促、视线转移之频繁,也透露出看时内心之惊惶。而"我"与"你"是"一代人",有同样的经历,所以能体味"你"内心的活动。"你"觉得与"我"这个原本很近的同类很远,与原本很远的异类"云"却很近。这种异常的行为和心理,源于异常的社会环境——那场旷日持久的浩劫,政治运动兔起鹘落,人与人之间剑拔弩张。作者在反思着历史,拷问着灵魂。

诗的特殊功能就在于以部分暗示全体,以片段的情况唤起整个情境意象和情趣。"真正懂得诗的人会把作者诗句中只透露一星半点的东西拿到自己心中去发展"[①](巴尔扎克语)。我们可视之为一首政治诗,也可视之为一首爱情诗。诗中的"你""我"是不确定的,可解读为如上普通的你我,也可认为是一对情侣。他们可能为一点小事而负气、沉默,在僵持中一方一个细微的动作,却激起对方情感的波澜,感觉对方虽与自己身与身近在咫尺,心与心却远隔天涯了。还可视之为一首哲理诗。诗借"你""看我""看云"这个情境,阐发关于远和近的哲理,而标题也叫"远和近"。"你看我","你"能看到"我",说明"你""我"在空间距离上本应是很近的;"很远"则是心灵之间的距离邈远。"你看云","你"与"云"之间的距离本应是很远的,"很近"则是心灵之间的距离接近。这就告诉我们空间距离与心灵距离是不一致、不对称的。

朦胧诗,正因为其意象本身的不透明性及组合时的片段性,而产生众多空白点和未定性,也给读者预留了众多想象的空间、思考方向,让人常读常新。

(作者:张心科)

三、悲秋还是赏秋:《故都的秋》主旨再探

读高中的时候,语文老师在教郁达夫的《故都的秋》时说这篇散文是写悲秋的,但是我阅读的感受一直是作者在赏秋。

老师的解读依据的可能是语文教材和教学参考书。例如1998年版的高中《语文》教材中《故都的秋》的"自读提示"称:"'秋',可写的东西很多。在故都,火一般的香山红叶,明镜似的昆明湖水,何尝不能照映出'秋'的倩影?由于作者身处的时代,在作家的内心投下了深远的忧虑和孤独者冷落之感的阴影,因此,作者笔下的秋味、秋色和秋

---

① 罗建忠,等,编著.文学概论[M].石家庄:花山文艺出版社,1984:47.

的意境与姿态,自然也就笼上了一层主观感情色彩,它们是经过了感情过滤以后的'结晶'。"①暗示作者因为忧虑和孤独而没有写秋的"倩影",而是在某种程度上写了附着了自己主观感情的"阴影"。与之配套的《语文》教学参考书则直接说:"抒发了悲秋之感"。②甚至2004年出版的《语文》教师用书也持这种说法,其所界定的"本文题旨"为"抒发了向往、眷恋故都之秋的真情,并流露出忧郁、孤独的心境"。在分析"清、静、悲凉"时特别提出"清""静"是事物的特征,"悲凉"是作者的主观感受,就像《荷塘月色》有"哀愁"一样③。

解读一篇文章要将"知人论世"与"以意逆志"相结合。孟子说:"颂其诗,读其书,不知其人,可乎？是以论其世也。是尚友也。"又说:"说诗者,不以文害辞,不以辞害志。以意逆志,是为得之。"(《孟子·万章》)也就是说,阅读一个作品首先要熟悉时代背景,了解作者的生平,因为作者所处的时代以及他的经历会反映在作品中,也影响作者选择的题材、运用的语言和表达的主题,了解这些才能知道作者到底要表达什么。但是,如果仅仅依靠时代背景和作者生平往往会先入为主地带着某种已有的观点去理解作品,导致误解作者的本意(以辞害志)。所以,接着就是还要根据作品本身来揣摩作者的本意。

将这篇文章的主旨确定为"悲秋",从表面上看其实也运用了知人论世、以意逆志这两种阅读方法,如上述《语文》教材的《故都的秋》的"自读提示"称:"从1921年9月至1933年3月,郁达夫曾用相当大的精力参加左翼文艺活动,进行创作。1933年4月,由于国民党白色恐怖的威胁等原因,郁达夫从上海移居杭州,撤退到隐逸恬适的山水之间,思想苦闷,创作枯淡。直到1937年抗战爆发,他才毅然投入了战斗的洪流。学习这篇写于1934年的课文,要理解作者当时的处境,认识作者渗透在作品中的那种思想感情的合理性,进一步体会散文'情'与'景'、'形'与'神'相辅相成的辩证关系。"④又如2004年出版的《语文》教师用书指出,要"消除时代隔阂"以帮助学生理解课文主旨:"可以提示学生,在30年代的旧中国,连年战乱,民生凋敝,读书人也衣食无所安,居无定所。为了谋生,郁达夫辗转千里,颠沛流离,饱受人生愁苦与哀痛。他描写自己

---

① 人民教育出版社中学语文室,编.高级中学课本语文第二册必修[M].北京:人民教育与出版社,1998:250—251.
② 人民教育出版社语文二室,编.高级中学语文第二册(必修)教学参考书[M].北京:人民教育与出版社,1998:152.
③ 人民教育出版社中学语文室,编.全日制高级中学教科书(必修)语文第三册教师教学用书[M].北京:人民教育出版社,2004:77、80.
④ 人民教育出版社中学语文室,编.高级中学课本语文第二册必修[M].北京:人民教育与出版社,1998:251.

心中的'悲凉'已不仅是故都赏景的心态,而是整个的人生感受。"①《故都的秋》中也确实出现了"北国的秋,却特别地来得清,来得静,来得悲凉"和"总能看到许多关于秋的歌颂和悲啼""有情趣的人类,对于秋,总是一样的能特别引起深沉,幽远,严厉,萧索的感触来的"等出现"悲"字或相关词语的句子。

不过,将国民党白色恐怖、作者居无定所等与作者的创作简单地联系起来的这种知人论世的做法是片面的,只是从其文章出现的几个"悲"字去理解课文的主旨这种以意逆志的做法也是偏颇的。

我准备同样采用知人论世与以意逆志相结合的方式,通过查阅郁达夫在创作《故都的秋》前后的资料,通过反复阅读这篇作品,试着探析其主旨。

(一)知人论世——赏心乐事

1928年2月,郁达夫与王映霞结婚。郁达夫长得并不好看,"他前额开阔,配上一副细小眼睛,颧骨以下,显得格外瘦削"②,但是王映霞被称为"杭州第一美女"。1933年4月,在"一个春雨霏微的季节",他和王映霞从上海搬到杭州,隐居在富春江,被人羡称为"富春江上的神仙眷侣"。他在《移家琐记》中写道:"在一处羁住久了,精神上、习惯上,自然会生出许多霉烂的斑点来。更何妨洋场米贵,狭巷人多,以我这一个穷汉,夹杂在三百六十万上海市民的中间,非但汽车,洋房,跳舞,美酒等文明的洪福享受不到,就连吸一口新鲜空气,也得走十几里路。移家的心愿,早就有了"③。对于"性本爱丘山"的他来说,移居杭州,自然会有一种"久在樊笼里,始得返自然"的喜悦之情。

1933年,他还到浙西、皖南游玩,写了《出昱岭关记》《屯溪夜泊记》等大量游记。1934年7月,他和王映霞去青岛、济南、北戴河等地游玩,并于8月12日到达北京,游历了许多景点,见了不少朋友,"心旷神怡,诗兴大发"。9月9日结束北游回到杭州④。也就是说,1934年前后正是郁达夫春风得意的时候。正是因为他的生活闲适,心情愉快,这段时间他创作了大量的文学作品,包括名篇《故都的秋》。

这篇散文的创作缘起,在《达夫日记》中有明确的记载:1934年"八月十六日(旧七夕),星期四,阴。今天是双星节,但天上却布满了灰云,晨起上厕所,从槐树阴中看见了半角云天,竟悠悠然感到了秋意,确是北平的新秋……晚上看了一遍在青岛记的日

---

① 人民教育出版社中学语文室,编.全日制高级中学教科书(必修)语文第三册教师教学用书[M].人民教育出版社,2004:80.
② 王映霞.我与郁达夫[M].南宁:广西教育出版社,1992:16.
③ 郁达夫,亦祺,选编.郁达夫散文[M].杭州:浙江文艺出版社,1998:29.
④ 方忠.郁达夫传[M].北京:团结出版社,1999:171.

记,明日有人来取稿,若写不出别的,当以这一月余的日记八千字去塞责。接《人间世》社快信,王余杞来信,都系为催稿的事情,王并且还约定明日来坐索。""八月十七日(七月初八),星期五,晴爽。晨起,为王余杞写了二千字,题名《故都的秋》。"①可见,《故都的秋》是在北京游玩期间创作,与国民党的白色恐怖并无直接关联,而是上厕所见了半角云天感到秋意有所触动,又受催稿信所逼迫,最后写出的。

当然,"故地重游,郁达夫的心情是复杂的。"②这种复杂的心情,应该有见到美景、故交的喜悦,也有对不能久居此地的留恋。就像《郁达夫传》的作者所写的,"故都的秋实在太美了。郁达夫从杭州到青岛,再到北京,一路风尘仆仆,但能欣赏到这无尽的秋的美景,他非常满足。他情不自禁地写下了散文名篇《故都的秋》,热情地赞美北京的秋色、秋味"③。1936年5月,郁达夫也在散文《北平的四季》中直接提到《故都的秋》是赞颂北平的秋:"前两年,因去北戴河回来,我曾在北平过过一个秋,在那时候,已经写过一篇《故都的秋》,对这北平的秋季颂赞过一遍了,所以在这里不想再来重复;可是北平近郊的秋色,实在也正像是一册百读不厌的奇书,使你愈翻愈会感到兴趣。"接着他还是忍不住又写了一段北平的秋色:"秋高气爽,风日晴和的早晨,你且骑着一匹驴子,上西山八大处或玉泉山碧云寺去走走看;山上的红柿,远处的烟树人家,郊野里的芦苇黍稷,以及在驴背上驮着生果进城来卖的农户佃家,包管你看一个月也不会看厌。"甚至说可以在农民的家里或者古寺的殿前住上三个月,以感受北平的秋味④。

"衣食无所安,居无定所"也不是这篇散文创作的动机和原因。郁达夫并非缺衣少食,他有丰厚的稿费足够用来在杭州购置房产,还有余钱去买奖券;更非被迫居无定所,他几次搬家不是颠沛流离,而是为了寻找更好的居处,他辗转各地更多的是在游山玩水。就像他在谈住所时说的,自己有"一种好旅游,喜漂泊的性情"⑤。1936年,他在《住所的话》中认为,从自然环境和生活便利来说,未建都前的南京、濒海的福州都是比较好的居身之所,杭州除了房子不太好之外,"住家原没有什么不合适",这是他离开上海去杭州,后来又离开杭州去福州生活的一个重要原因。他在《住所的话》中再次赞美了北平:"若要住家,第一的先决问题,自然是乡村与城市的选择。以清静来说,当然是乡村生活比较得和我更为适合。可是把文明利器——如电灯自来水等——的供给,家

---

① 浙江文艺出版社,编.郁达夫的日记集[M].杭州:浙江文艺出版社,1986:319.
② 方忠.郁达夫传[M].北京:团结出版社,1999:170.
③ 方忠.郁达夫传[M].北京:团结出版社,1999:171.
④ 郁达夫,亦祺,选编.郁达夫散文[M].杭州:浙江文艺出版社,1998:67.
⑤ 郁达夫,亦祺,选编.郁达夫散文[M].杭州:浙江文艺出版社,1998:51.

人买菜购物的便利,以及小孩教育问题等合计起来,却又觉得住城市是必要的了。具城市之外形,而又富有乡村的景象之田园都市,在中国原也很多。北方如北平,就是一个理想的都城。"甚至觉得自己当初移居的杭州也比不上北平了[①]。可见,他之所以赞颂故都的秋,可能是北平"城市之外形"能满足物质上的需要,北平"乡村的景象"(尤其是近郊的秋色)又能给人精神上的享受,满足了他所说的,人到中年之后常有的"求田问舍之心"。

如果硬要说《故都的秋》的主旨是悲秋,那么悲从何来?何悲之有?

(二)以意逆志——良辰美景

自古确实有很多文人喜欢写以秋为题材的诗文,但是并不都是"悲啼",还有不少"歌颂"秋天的名作,例如刘禹锡的《秋词》:"自古逢秋悲寂寥,我言秋日胜春朝。晴空一鹤排云上,便引诗情到碧霄。"他在歌颂秋天天空的高远,令人胸襟开阔,诗情迸发。又如毛泽东的词《沁园春·长沙》写了"层林尽染,漫江碧透"的绚烂、澄净以及"鹰击长空,鱼翔浅底,万类霜天竞自由"的勃勃生机。郁达夫的《故都的秋》所写的故都的秋景不是衰败的,而是充满生机的,也是歌颂秋天,但又不是上面这两种豪放的风格,而是透着一种传统文人玩赏的情趣。从以下几个方面可以看出这一点。

首先看作者直接评说的文字。作者在开头两段中写道:"我的不远千里,要从杭州赶上青岛,更要从青岛赶上北平来的理由,也不过想饱尝一尝这'秋',这故都的秋味。"在南方"只能感到一点点清凉,秋的味,秋的色,秋的意境与姿态,总看不饱,尝不透,赏玩不到十足。"显然是把"秋"当成可品味的美食、可把玩的物品来看待的。他甚至在文章结尾直抒胸臆,希望能用生命换取赏玩故都的秋的机会:"秋天,这北国的秋天,若留得住的话,我愿把寿命的三分之二折去,换得一个三分之一的零头。"

作者在文中正式写北平的秋景前说:"秋并不是名花,也并不是美酒,那一种半开、半醉的状态,在领略秋的过程上,是不合适的。"好像他反对用赏玩的心态对待北平的秋,而上面提到的那些评说的文字给人的感觉好像是要直接地沉浸到故都的秋之中,饱尝故都的秋味,不是浅尝辄止。但是,这只是表达他对故都的秋的喜爱程度很深。从下面他对故都的秋的描绘之中,可以看到他其实采用的还是玩赏的心态来描绘故都的秋景。

其次看作者描绘景物的文字。先看这段被广为品析的文字:

---

① 郁达夫,亦祺,选编.郁达夫散文[M].杭州:浙江文艺出版社,1998:51.

不逢北国之秋,已将近十余年了。在南方每年到了秋天,总要想起陶然亭的芦花,钓鱼台的柳影,西山的虫唱,玉泉的夜月,潭柘寺的钟声。在北平即使不出门去罢,就是在皇城人海之中,租人家一椽破屋来住着,早晨起来,泡一碗浓茶、向院子一坐,你也能看得到很高很高的碧绿的天色,听得到青天下驯鸽的飞声。从槐树叶底,朝东细数着一丝一丝漏下来的日光,或在破壁腰中,静对着像喇叭似的牵牛花(朝荣)的蓝朵,自然而然地也能够感觉到十分的秋意。说到了牵牛花,我以为以蓝色或白色者为佳,紫黑色次之,淡红色最下。最好,还要在牵牛花底,教长着几根疏疏落落的尖细且长的秋草,使作陪衬。

一是所选择的景物。陶然亭、钓鱼台、西山、玉泉虽然地点在北平,但是作者并没有选择北方常见的高屋、阔路、红叶、深湖,而是选取芦花、柳影、虫唱、夜月、钟声等在江南常见的景和物。在阅读时,我们自然会将这四个物象组合在一起,会让人想起"故垒萧萧芦荻秋"(刘禹锡《西塞山怀古》)、"杨柳岸晓风残月"(柳永《雨霖铃》)、"二十四桥明月夜"(杜牧《寄扬州韩绰判官》)、"夜半钟声到客船"(张继《枫桥夜泊》)等染着淡淡的喜悦又有着淡淡的哀愁的情境。

二是对景物的修饰。在皇城人海里租屋喝茶,显然是想闹中取静。之所以在"屋"之前加一"破"字,是因为这"破"更能彻底体现出乡野的味道吧!而能看出天空的高碧,能听见驯鸽的飞声,绝不是为了生活奔忙行色匆匆的人所能顾及的,一定是有闲暇、闲心的人才能看到、听到的。还细数槐树底下一丝一丝漏下来的日光,静对破壁腰中蓝色或白色的底下长着几根疏疏落落的尖细且长的秋草的牵牛花。玩赏的姿态跃然纸上。作者在"日光"和"牵牛花"前所反复添加修饰语的过程,其实也是一种在心中品赏的过程。整个画面的氛围给人一种"小桥流水人家"般的恬静、闲适。

作者接着写了北国的秋槐、秋蝉、秋雨、秋风、秋果几幅图景,选择的物象都是偏精致、细小、清新的,而不是粗野、阔达、衰败的。例如"第一是枣子树;屋角,墙头,茅房边上,灶房门口,它都会一株株地长大起来。像橄榄又像鸽蛋似的这枣子颗儿,在小椭圆形的细叶中间,显出淡绿微黄的颜色的时候,正是秋的全盛时期;等枣树叶落,枣子红完,西北风就要起来了,北方便是尘沙灰土的世界。"

三是描绘场景所用的句式。作者在描绘场景时喜欢用一组短句子,而且喜欢把一些修饰的、限制的语句放在要写的中心词句后面,如"北国的槐树,也是一种能使人联想起秋来的点缀。像花而又不是花的那一种落蕊,早晨起来,会铺得满地。脚踏上去,声音也没有,气味也没有,只能感出一点点极微细极柔软的触觉。扫街的在树影下一阵扫后,灰土上留下来的一条条扫帚的丝纹,看起来既觉得细腻,又觉得清闲,潜意识下并且还觉得有点儿落寞,古人所说的梧桐一叶而天下知秋的遥想,大约也就在这些深沉的地方。"给人感觉就是作者在脑海中在回味以前的场景,就像画家在画一幅画一样,画了一棵槐树,再画一排,再画道路,画落蕊,画帚痕,他在槐树的旁边慢慢地添加着,最后形成一幅很有意境的画。品尝食物,如果为了求饱果腹,大可狼吞虎咽;如果是品味,则要慢慢地品,细嚼慢咽。看物品,如果是为了了解,大可一眼瞥过;如果是品鉴,则应从不同角度去观赏,反复摩挲,细细把玩。

总之,分析一篇作品的主旨,最好应该关注作者的传记(全人),阅读作者的其他作品,并分析整篇文章(全文),而不能简单地将作品与创作时的政治形势机械地联系,不能仅靠作品中零星的几处文字来判断。通过上文对创作背景和作者生平的再研究,通过对作品本身再分析,我们可以发现《故都的秋》的主旨并不是过去所说的悲秋,而是赏秋。

(原载《语文教学通讯·高中刊》2018年第9期;作者:张若朴)

四、平淡的绚丽:读茨威格的《世间最美的坟墓》

1928年9月,奥地利作家茨威格来到苏联,参加纪念列夫·托尔斯泰百年诞辰的活动。在这块神秘的国土上旅行的14天里,他见到到处是高涨的革命激情和无序的狂躁,这让他充满了困惑和疑虑。但他来到托尔斯泰的故居和墓地时,见到的是世外桃源般的质朴和宁静,这又令他感到深深地震撼和敬仰而写下这篇美文。本文试从内容方面的理趣美、意境美以及形式方面的构思美、语言美进行分析。

(一)理趣美

有着高贵的出身、富足的家产、传奇的经历、杰出的著作、深邃的思想、显赫的声名的托尔斯泰,自己选择的归宿是"没有十字架,没有墓碑,没有墓志铭,连托尔斯泰这个名字也没有",只静静地躺在远离尘嚣的大树下,唯风儿低吟,花儿相伴。这种强烈的反差,正应了中国一句古语:"绚丽之极复归于平淡。""平"并非平庸无奇,"淡"并非淡而无味。这正是这位饱经忧患的伟人在品味人生世相本真后的超脱。正如臧克家在《有的人》一诗中写的:"有的人情愿作野草,等着地下的火烧","有的人死了,他还活着","人民永远纪念他","把他举得很高、很高"。正是由于这种复归平淡的人生旨趣,才让人产生深深地震撼和敬仰,他的坟墓也由此"成了世间最美、给人印象最深的、最感人的坟墓"。同样是伟人,拿破仑、歌德、莎士比亚的墓窟被设置在显眼的地方,有着奢华的装饰,也许是为了永垂不朽,得到后人的仰慕,但任何人都可以踏进他们的墓区,惹来了终日的扰攘喧嚣。

(二)意境美

伟大的艺术家把人生也艺术化了。他的选择把自己的生命演绎成一首幽美、淳朴的小诗。为了体现这一点,作者在写坟墓的地点、外观及周围的景物时,突出幽远、矮小、朴素、宁静等特点——远离尘嚣的林阴,一条羊肠小道,一丛丛灌木,一个长方形的小土丘,几株高大挺拔的树,不知名的小花,夏天有风儿低吟,冬天有温柔的白雪覆盖……人们不愿在这儿大声说话,不忍摘下一朵小花。美学家朱光潜:"文艺说来很简单,它是情趣与意象的融会,作者寓情于景,读者因景生情。"[1]如果我们展开想象和联想,做到身临其境、设身处地,就会如入诗的意境。文中托尔斯泰的人格、茨威格这位"朝圣者"的深情和景物交融一体、浑化无痕。

(三)构思美

首先,是景情点染、跌宕有致。作者以景渲染、以情点化。一跌一宕,推波助澜。开始写来到墓前,却不直接写墓,而是宕开一笔,通过托尔斯泰的外孙女交代他儿时的游戏、晚年的心愿。再写他坟墓的外观,又宕开一笔,将托尔斯泰与偶尔被发现的流浪汉、不为人所知的士兵类比,并抒写人们踏进墓地的感受。接着写坟墓周围的景物,却又宕开笔抒写人们面对坟墓的感受,并与其他伟人墓比较。无论景情、跌宕都围绕托尔斯泰的坟墓来写,使得整篇文章如同一串两色相间的珠链,一条波澜起伏的长河。

其次,是侧面烘托与反面衬托结合。文章除正面写托尔斯泰的坟墓及周围的景物的特点来体现他的人格外,还运用虚写手法,通过人们的感受、行为来侧面烘托。如"怀着敬仰之情""唯有人们的敬意""扣人心弦""打动人心",不大声说话去"破坏伟人墓地的宁静",没有勇气去"摘下一朵花留作纪念"。又将托尔斯泰的墓地的幽远、朴素与其他伟人的坟墓的显眼、奢华对比,将托尔斯泰墓地的宁静与其他伟人墓区的喧闹对比,来突出托尔斯泰朴素的绚丽、平凡的伟大。

(四)语言美

首先,是音乐美。高尔基说:"语言是一切事实和思想的外衣。"好的散文的语言应该是从作者心中、笔下缓缓流出的,流到当行处即行,流到不可止处即止。文中或景或情,一跌一宕,又如同一首节奏和谐、旋律优美的乐曲。句式的整散结合,让人感到时而如私语切切,时而如急雨嘈嘈。如"没有十字架,没有墓碑,没有墓志铭,连托尔斯

---

[1] 朱光潜.朱光潜选集[M].杨辛,朱式蓉,编选.天津:天津人民出版社,1993:182.

泰这个名字也没有"的排比、反复,突出托尔斯泰追求普通、自然。"老残军人退休院大理石穹窿底下拿破仑的墓穴,魏玛公侯之墓中歌德的灵寝,西敏司寺里莎士比亚的石棺"渲染着它们的显眼、富丽。

其次,是含蓄美。梅尧臣说,好的诗歌应"含不尽之意见于言外"。好的散文的语言也是蕴涵丰富、韵味无穷的。"饱经忧患的老人突然从中获得了一个新的、更美好的启示。"什么启示?是实现童年的梦想?是因为怀旧,而想到叶落归根?是因为生前被声名所累,而追求死后的宁静与朴素?是想到能兑现童年诺言的人死后会得到幸福?还是像我说的追求绚丽的平淡?"老残军人退休院大理石穹窿底下拿破仑的墓穴,魏玛公侯之墓中歌德的灵寝,西敏司寺里莎士比亚的石棺,看上去都不像树林中的这个只有风儿低吟,甚至全无人语声,庄严肃穆,感人至深的无名墓冢那样能剧烈震撼每一个人内心深藏着的感情"。那么,会产生怎样的感情呢?作者都没有说出,这些空白却引人遐思,耐人寻味。

(《语文知识》2003 年第 10 期;作者:张心科)

五、没有娘家的祥林嫂:重读《祝福》[①]

学生读鲁迅的《祝福》,为祥林嫂的不幸遭遇而悲哀、同情,既而问我:她为什么不回娘家,为自己寻一个栖身之所,为心灵找一个避风的港湾呢?细想一下,答案似乎不怎么简单。

家的观念在中国人的心目中根深蒂固。"诗中常闻子规啼,笔下每传鹧鸪声",子规啼的是"不如归去",鹧鸪叫的是"行不得也哥哥"。到今天,还有俗语"金窝银窝不如自己的穷窝","在家千日好,出门一时难"。从儒家训诫的"父母在,不远游",到词曲中吟咏的"征夫泪""游子悲",待在家中,回到家中,从古至今是中国人挥之不去的情结。"夫天者,人之始也;父母者,人之本也。人穷则反本,故劳苦倦极,未尝不呼天也;疾痛惨怛,未尝不呼父母也。"(《史记·屈原列传》)祥林嫂两次到鲁四老爷家帮工,她任劳任怨,未曾指天斥地;她两次丧夫,既而失子,心灵受到巨大创伤,为什么不回娘家以求慰藉?是鲁迅的疏忽,还是有意经营?有人分析这篇作品时指出:"为了突出祥林嫂在封建强权压榨之下,从来没有获得过春天的特色,作者刻意把丧夫、再醮、失子、归天几个最关键的情节,都安排在春天发生,从而巧妙地揭示出祥林嫂是一个没有春天的苦

[①] 这篇文章有过度阐释的嫌疑,为了存真,姑且保留当年的认识,请读者批评指正。

命女人。"①(李士侠《没有春天的祥林嫂——读〈祝福〉》)也就是说,作者在时间的设置上绕开春天。同样,我认为作者有意将上述几个最关键情节发生的空间放在卫家山、贺家墺、鲁四老爷家,而绕开她的娘家,使她成为一个不能回娘家的苦命女人。

不为她设置娘家,能达到什么目的？如果说她无家可归,只能算多舛的命运增添了一点不幸。我更愿信其"有家归不得":一、父家不想其归。封建礼教讲男尊女卑,"嫁出去的女儿,泼出去的水","生是夫家人,死是夫家鬼。"一嫁出去,便与娘家脱离了关系。对于女儿的种种不幸,他们似乎只是漠然的看客。二、夫家不允其归。程朱理学讲"在家从父,出门从夫""嫁鸡随鸡,嫁狗随狗"。所以,夫家(卫老婆子)为了得到一注聘礼让老二娶媳妇,可以将祥林嫂像牲畜一样捆回,然后像商品一样卖掉。夫家(大伯)可借收屋将她扫地出门。夫家既不把她当自家人,而且任意侮辱、损害她,那不让她回娘家,自然也就天经地义的了。三、自己不愿归。封建礼教像一张无形的网笼罩着中国大地,无论她身处何地都一样,可以说人生痛苦无南北。她向人哭诉可怜的阿毛时,遭人"咀嚼鉴赏"渐至"烦厌和唾弃"。她的被逼改嫁,遭柳妈嘲笑。她的寡妇身份,被鲁四老爷视为"败坏风俗"、不洁不祥,而遭人皱眉、唾骂。她回娘家又能怎样？仍会遭人嘲弄、唾弃。她回去不能光耀门楣,她克夫、克子,难道就不克父吗？她回去只会给父母带来耻辱和恐慌。她的父母也会用鲁四老爷般的眼光来看她的。况且她在鲁四老爷家还可以通过"不惜力气""没有懈"的劳作忘记自己的痛苦:"然而她反满足,口角边渐渐地有了笑影,脸上也白胖了"。她虽然随遇不安,但确实想"而安"。

有家归不得的祥林嫂,在鲁镇、在家家户户合家团圆、敬神接福时,孤寂、凄然地消失在漫天的大雪中,消失于人世间,"这百无聊赖的祥林嫂,被人们弃在尘芥堆中的,看得厌倦了的陈旧玩物",终于"被无常打扫得干干净净了"。

马克思、恩格斯曾经指出:"资产阶级撕下了罩在家庭关系上温情脉脉的面纱,把这种关系变成了纯粹的金钱关系。"在中国宗法制度下的家庭关系,则变成了吃人的礼教关系。要说鲁迅的目的,大概就在此。

也许有人说像我这样,可以永远臆测下去:她因在鲁四老爷家包身工式的劳作而无暇顾及回娘家,娘家太远,娘家没人……这正是鲁迅创作成功的地方。接受美学的核心人物伊瑟尔指出,如果读者已被提供了全部故事,没有给他留下什么事情可做,那么,他的想象就一直进入不了这个领域,结果将是,当一切被现成设置在我们面前时,

---

① 李士侠.没有春天的祥林嫂——读《祝福》[J].中学文科参考资料,1990(3):9.

不可避免地要产生厌烦。正因为鲁迅的小说给读者留下许多空白,才能百读不厌。

(《读写月报》2001年第10期"新视角"栏;作者:张心科)

六、被扭曲、被误解的贾雨村

《红楼梦》里的贾雨村给人的印象是一个趋炎附势、见风使舵、寡情、狠毒的小官僚。但从他身上可以看到一个原本正直的读书人被当时社会扭曲,以致被后世读者误解的悲剧人生。探讨这个典型形象带有一定的普遍意义。

他"也是读书仕宦之族,因他生于末世,父母祖宗根基已尽,人口衰丧,只剩得他一身一口,在家乡无益"。也就是说,出身地位决定了他只能是一介寒士,无祖荫袭职,无钱财捐官,只得走传统士子的儒家人生之路:修身(读书)、齐家(娶妻)、治国(做官)、平天下(为民)。从外表上看,他决非委琐小人,"弊巾旧服,虽是贫窘,然生得腰圆背厚,面阔口方,更兼剑眉星眼,直鼻方腮"。从学识才能上看,他决非冬烘学究,要不然不会得到甄士隐的青睐与周济,视为知己;也不会被江南两个贵族显宦林家、甄家延聘为林黛玉、甄宝玉的塾师;作诗,随便就口占一绝,应试即"中了进士"。"若论时尚之学,晚生也可去充数沽名"绝非妄词。他不信甄士隐的"黄道黑道"之说,而"以事理为要"。就志向抱负来说,他不愿作檐头低飞的燕雀,而要作搏击长空的鸿鹄。"玉在椟中求善价,钗于奁内待时飞,""天上一轮才捧出,人间万姓仰头看。"为官时他"才干优长",虽"有些贪酷",但敢于"悔上",叫人"侧目",他被参革职,虽有一点暂时的悔恨,最终还是"面上全无一点怨色,仍是嘻笑自若",交代宦囊家眷,"自己担风袖月,游览天下胜迹",可谓留去无意,宠辱不惊。他又是第一个高度评价贾宝玉的人。当冷子兴称宝玉为酒徒色鬼时,"雨村罕然厉色忙止道:'非也!可惜你们不知道这人的来历,大约政老前辈也错以淫魔色鬼看待了。若非多读书识事,加以致知格物之功,悟道参玄之力,不能知也'。"接着便以古圣先贤为证大加阐发。能这样看待宝玉,男人中只他一个,女人中只有黛玉等可数的人认为宝玉"孤标傲世"。所以,洪秋蕃评雨村曰:"具见胸襟。"[①]从为人处世上看,他是真情、知恩、正直的。虽然娇杏当年只是偶一回头,虽然自己今天是"新升的太爷",他仍没忘情,而是先纳为妾,后扶正。这看似"侥幸",却内存必然,即雨村重情。虽然当年甄士隐赠以"五十两白银,并两套冬衣",但今天却赠封肃家"白金及锦缎等物事"。这里虽存有见娇杏的私心,但更是对当年接济的涌泉相报。

---

① 冯其庸.八家评批红楼梦(上)[G].北京:文化艺术出版社,1991:56.

虽然已有一次官场失意的教训,但听说薛蟠逍遥法外时,仍大怒,"发签差公人立刻将凶犯族中人拿来拷问"。

李劼认为王熙凤、贾探春是豹子式的人物,我认为贾雨村同属此类。但在英莲——自己的恩人(甄士隐)的女儿与薛蟠——自己的恩人(林如海、贾政)的亲戚中间,他犹豫了。因为面对的是四大家族炙手的权势,旧愁新痛一起涌向宦林中这只孤独的豹子。为了自己的生存,他不得不向权势低头,假捕薛蟠,充配门子,打发冯家仆人,丢弃弱女英莲。"凶猛的豹子虽然威武高贵,但它们生存的前提——森林却已经消失了。在此,所谓森林,象征着一种平民社会。"①贾雨村这只豹子失去了梦中的森林,随之失去了攻击性,而退化(贾雨村,名化)成走狗和绵羊。因为他生存在一个走狗和绵羊的世界里,在这个世界里"豹的高贵精神必须被扭曲成走狗的逻辑和绵羊的道德才能进入阅读"②,"劣胜优汰"的退化论原则,使他变成驯良的走狗和愚昧的绵羊。他再也不会腾跃如飞(贾雨村,字时飞),只能对上俯首帖耳,对下作威作福。

鲁迅说:悲剧就是把有价值的东西毁灭给人看。从贾雨村的人生悲剧中,我们看到人向权的屈从,儒向法的降服。贾雨村成了中国小官僚群像中独特的"这一个"。大某山民评其曰:"然今日已成为通病矣。"③可见,分析这个人物仍有现实意义。

(《读写月报》2002年第2期"人物新说"栏;作者:张心科)

七、贾宝玉的男女平等意识

《林黛玉进贾府》中贾宝玉的平等意识表现在两方面:一是不以"主子"自居,没有上下等级观念,能和小厮、丫鬟、戏子、尼姑等平等相处;二是不以"大男人"自居,没有男尊女卑的观念,能把女性当人,当成和自己平等的人。后一点尤为可贵,因为封建统治者,倡"扶阳抑阴之说",当时几乎没有一个男性不是夫权主义者、大男子主义者,"其待女子也,有二大端:一曰充服役,二曰供好玩"(梁启超语)。贾宝玉这种男女平等意识,通过和黛玉的对话表现得非常明显。

(一)权利平等。在封建社会,读书几乎是男人的专利,在他们心目中"女子无才便是德",富贵人家的小姐也只读读《孝经》《女诫》之类,以便将来更好地恪守"孝道""妇道";或者像贾母说的"读的是什么书,不过是认得两个字,不是睁眼瞎子罢了!"宝

---

① 李劼.历史文化的全息图像:《论红楼梦》[M].上海:东方出版中心,1995:6.
② 李劼.历史文化的全息图像:《论红楼梦》[M].上海:东方出版中心,1995:16.
③ 冯其庸.八家评批红楼梦(上)[G].北京:文化艺术出版社,1991:24.

玉初见黛玉便问"妹妹可曾读书？"可见宝玉认为黛玉至少有受教育的可能。受的是什么样的教育呢？黛玉读的是把人变成"禄蠹利鬼"（十九回）的圣贤经传，还是像自己"喜好些杂书"（七十八回）？他通过向黛玉问字，为黛玉取字来试探。他说"除《四书》外，杜撰的太多"，这之外的当然包括其他儒家经典和八股时文。他说"西方有石名黛，可代画眉之墨"，出自《古今人物通考》。他说"妹妹眉尖若蹙"，取字"莫若'颦颦'二字极妙"。结合他所见黛玉"病若西子胜三分"，我们会想到西施"捧心而颦"。而"东施效颦"典出《庄子·天运》，即他常读的《南华经》。至第二十回，又有他俩共读《西厢》的情节，书中写莺莺"眉黛青颦"（卷二），"大都来一寸眉峰，怎当他许多颦皱"（卷五）。若取字于《西厢》，可能是贾宝玉无意而曹雪芹有心。然而以上所涉之书都可归入闲杂之类。可见，他想从黛玉的回答中了解他是否像自己无意于"子曰诗云"，而读至情至性之书，即接受真正的"人"的教育。

（二）人格平等。在封建社会，一般只有男人有字。《礼记·曲礼上》："男子二十冠而字。"《仪礼·士冠礼》："冠而字之，敬其名也。"《礼记·檀弓上》疏云："人年二十，有为人父之道，朋友等类，不可复呼其名，故冠而加字。"女人是没有字的，有时连名也没有。父家姓张，夫家姓王，从夫叫王张氏。《红楼梦》里常见丈夫叫某某，妻子就叫"某某家的"。他问黛玉"表字"，是暗示她应该像男人那样有字。听说没有之后，便又是引典，又是解释，认真得不得了。

（三）地位平等。《红楼梦》第一回，写一僧一道将无材补天之石，幻成一块美玉，就是贾宝玉出生时口中所衔的"通灵宝玉"，也是"宝玉"本人。"至贵者宝"，宝玉其人，是贾府未来的主子；宝玉其物被目为"罕物""命根子"，可见其地位的特殊。他问黛玉"可有字没有？"他认为"神仙似的妹妹"也应有。当听说没有后，他摔玉，他骂玉"不择高低"，其实是在鞭挞、诅咒自己这块"浊物"和这男人的世界。他料定，"天地间灵淑之气只钟于女子，男们不过是些渣滓浊沫而已。"因此把一切男子都看成浊物，可有可无。（二十回）他多么希望"心较比干多一窍"的黛玉，能从他被别人目为"似傻如狂"的举动中体会他渴望男女平等的心声。

在中国几千年的黑沉沉的囚禁和虐杀女性的牢狱中，作者竟然第一次发出"我见了女儿便清爽，见了男子便觉浊臭逼人"这样的呼声，这是多么了不起！（舒芜《红楼梦·序》）"么么元元，雷辰龙旋"（《元包经·复卦》），虽说是开初，是微弱，却隐伏着电闪雷鸣，虎踞龙盘。一百多年后，他的呼声，在康梁变法、五四运动中得到强烈的回响。

（《中学语文教学》2000年第4期；作者：张心科）

八、尴尬人逢尴尬事:《牡丹亭·闺塾》中的陈最良

在《闺塾》这出戏中,汤显祖以其生花之妙笔,塑造了三个呼之欲出、栩栩如生的人物形象。且不论率直敢于反抗的春香,稳重而不乏对自由渴望的杜丽娘,单说迂腐气十足的陈最良,作者在嘲弄的同时,不无同情,因为在作者眼里"陈最良也不是什么'坏人',但他作为封建社会常规道路上的失败者,也只是拿社会教导他的东西教导杜丽娘"[①]。为此,作者在这出戏中,写尽了陈最良的尴尬。

(一)讲述内容被约定后的尴尬

陈最良"自幼习儒",考白了头发,还只是一个秀才,穷酸潦倒,甚至落到绝粮的境地而被人戏称为"陈绝粮"。最后只好"儒变医",其人生本已尴尬穷困之际。被请了去做杜丽娘的先生,受到杜府的青睐,"极承老夫人的管待",真是感恩知遇。开讲第一课讲什么呢?杜老爷交代过:"则看些经旨罢。《易经》以道阴阳,义理深奥;《书》以道政事,与妇女没相干;《春秋》《礼记》又是孤经;则《诗经》开首便是后妃之德,四个字儿顺口,且是学生家传,习《诗》罢。"他自然要遵从杜老爷交给他的使命,从《诗经》开讲,而《诗经》开篇便是《关雎》,又不得不讲,一尴尬也。他教授《关雎》是为了宣扬"后妃之德",这是"经传"为他注明了的;更是为了拘束杜丽娘的身心,这也是杜老爷交代过的:"孟夫子说得好,圣人千言万语,则要人'收其放心'。"前几出戏已交代过的,丽娘父母之所以给女儿延师上学,是因为他们发现了丽娘白日睡眠,有违家教,有必要用诗书来拘束她的身心。不料,上课的第一天,开讲的第一课,反而开启了丽娘的心灵之锁,唤醒了她的青春热情。读罢《关雎》,丽娘感叹:"圣人之情,尽见于此矣。古今同怀,岂不然乎?""关了的雎鸠,尚然有洲渚之兴,可以人而不如鸟乎?"从而萌发了游园的愿望,而后有了《惊梦》《寻梦》等情节。禁锢者竟成了启发者,这对封建礼教真是一个绝妙的讽刺,对陈最良来说实为尴尬之至。

(二)师道尊严被颠覆的尴尬

"天、地、君、师、亲",在古代"师"是放在"亲"的前面的。又云:"一日为师,终身为父"。在这出戏中,陈最良哪有半点为师为父的尊严。陈最良对杜府请先生,有较为清醒的认识:"他们都不知官衙可是好踏的!况且女学生一发难教,轻不得,重不得。倘然间体面有些不臻,啼不得,笑不得。"虽感叹"人之患在好为人师",但禁不住"人之饭,

---

[①] 章培恒,骆玉明,主编. 中国文学史·下[M]. 上海:复旦大学出版社,1996:350.

有得你吃",踏入了杜府,也就踏入了尴尬之境。他成了杜老爷拘束女儿身心的工具。他面对的不仅是女学生,而且是富有反抗精神的女学生,尤其是伶牙俐齿的春香。

陈最良开口"子曰",闭口"诗云",言语行动已习惯于依从封建教条。丽娘、春香迟到,他便引用《礼记　内则》中的话来教训他们,"凡为女子,鸡初鸣,咸盥漱栉笄,问安于父母;日出之后,各供其事"。春香的一番"知道了,今夜不睡,三更时分,请先生上书"的话,弄得他无言以对。待他"依注解书",讲解"'雎鸠',是个鸟;'关关',鸟声也",马上招来了春香的调侃,"怎样声儿",这看似平常的一句,却令陈最良着实为难。学生既然要问,先生不得不讲,于是这位"知识渊博,满腹经纶",年过六旬,十分"老成"的老塾师,只得在讲台上像孩子那样叽叽咕咕地学起了鸟叫。调皮的春香乐不可支,乘机诨闹,满台鸟叫,令人喷饭。春香觉得听书颇为好玩,越发认真,在陈最良讲到"在河之洲"时,春香忙不迭地对其作了极为有趣的诠释:"是了,不是昨日是前日,不是今年是去年,俺衙内关着个斑鸠儿。被小姐放去,一去去在何知州家。"陈最良不禁又气又恼,却无可奈何,只能以"胡说"来呵斥她。当陈最良说到"窈窕淑女,是幽闲女子,有那等君子,好好的来求他"时,春香又很"恭敬的问道:那君子'为什么好好的去求他?'"这一回陈最良连招架之力也没有了。一首动人的爱情诗,被硬讲成宣扬"后妃之德"的教条,自然漏洞百出,无法解释,结果理屈词穷,狼狈地以"多嘴"的训斥给自己找台阶下。学生无忌,先生尴尬,严肃的课堂成了嬉闹之所。

春香领了"出恭牌"溜走,回来后告诉小姐:"外面原来有座大花园,花明柳绿好耍子哩!"此时,以收束丽娘"身心"为宗旨的陈最良岂能隐忍她对丽娘的挑逗?他立即恼羞成怒道:"待俺取荆条来。"春香却丝毫也不害怕"荆条做什么?"在春香的心中,陈最良毫无"师道尊严"可言。外面又传来卖花声,她又道:"小姐,你听一声声卖花,把读书声差。"陈最良可谓技穷,举起荆条抽打春香,这一来,上课的讲台又成了老先生与小丫头的打斗场。此时,满脑子"子曰诗云""三纲五常"的陈最良的师道尊严丧失殆尽。

(三)生活常识被考问的尴尬

陈最良"自幼习儒",15岁参加科举考试,连考15年依然"秀才一个,穷困潦倒",真是"天下秀才穷到底,学中门子老成精"。青春为科举制度所吞噬,思想为封建教条所束缚,"除了几句经书,他就不知道人生是什么。"[1]丽娘要绣一对鞋儿给先生上寿,以尽学生之心、晚辈之礼,陈最良却说:"依《孟子》上样儿,做个'不知足而为履'罢了。"丽

---

[1] 章培恒,骆玉明,主编.中国文学史·下[M].上海:复旦大学出版社,1996:350.

娘说的是实实在在的"鞋",平平常常的"上样儿",却不禁引起陈最良关于《孟子》一书和孟子之言的联想,可见其迂腐十足,丝毫不懂生活!

正是由于生活常识的缺乏,在与丽娘关于"闺房四宝"与"文房四宝"的冲突中,陈最良再次陷入尴尬之境。他让"春香取文房四宝来模字",春香却将螺子黛、画眉细笔、薛涛笺及鸳鸯砚等陈最良从未见过的"闺房四宝"搬到书房来,有心戏弄这位老苍生。丽娘道:"这是螺子黛,画眉的。"陈最良道:"这是甚么?"丽娘笑道:"这便是画眉细笔。"这抿然一笑,包含着对老师酸腐的窃笑。陈最良道:"这是甚么纸?"丽娘道:"薛涛笺"。陈最良道:"这是甚么砚?"丽娘道:"鸳鸯砚。"陈最良:"许多眼?"丽娘道:"泪眼。"陈最良居然说:"哭甚么子? 一发换了来。"这里,丽娘以十分恭敬的态度把陈最良逼到一个无地自容、尴尬至极的境地。所谓知识渊博、满腹经纶的老师是一个什么也不知道的老腐儒,何其尴尬啊!

(《语文教学通讯·高中刊》2004年第5期;作者:戴元枝)

九、试析孔子只责冉有

高中《语文》第一册新教材《季氏将伐颛臾》中子路、冉有"两人同来,而夫子只责冉求",明李贽在评点《季氏将伐颛臾》时明确地提出了这个问题。他认为孔子"知子路之来,亦冉有使之也。盖子路是个直人,不知其中关戾子(关键)"[1]。但从"冉有、季路见于孔子曰:'季氏将有事于颛臾'""夫子欲之,吾二臣皆不欲也"[2]可知,季氏将伐颛臾的事他俩都知道。那么,孔子为什么只说"求,无乃尔是过与"[3]呢? 我们将子路、冉有的情况比较分析一下,这个问题就不难回答了。

(一)年龄

子路"少孔子九岁"[4],冉有"少孔子二十九岁"[5]。可见,子路是孔子的同龄人,而冉有则属小字辈。先前季然子(季氏子弟)问孔子:"然则(子路、冉有)从之(季氏)者与?"[6]孔子相信两个弟子"弑君与父,亦不从也"[7]。然而,今天他们却要为虎作伥,可

---

[1] 夏樗,主编.品书四绝[M].武汉:湖北辞书出版社,1995:277.
[2] 论语·季氏篇[M].杨伯峻,译注.论语译注[M].北京:中华书局,2006:194.
[3] 同上注.
[4] 司马迁.史记[M].郑州:中州古籍出版社,1994:654.
[5] 司马迁.史记[M].郑州:中州古籍出版社,1994:653.
[6] 论语·先进篇[M].杨伯峻,译注.论语译注[M].北京:中华书局,2006:134.
[7] 论语·先进篇[M].杨伯峻,译注.论语译注[M].北京:中华书局,2006:134.

以想见孔子有多么失望与气愤。但他十分清楚长幼之节不可废,所以他要训斥冉有,同时又可教导子路。

(二)职位

孔子的学生"受业身通者七十有七人"①,其中"政事:冉有、季路"②。《史记》记载:季康子曾在孔子面前打听过这两位高才生。季氏问:"冉求仁乎?"孔子曰:"千室之邑,百乘之家,求也可使治其赋。仁则吾不知也。"复问"子路仁乎?"孔子对曰"如求。"③这二子皆不好仁,正中季氏尚勇之下怀,便延请他们作宰(家臣)。季氏先问冉有,复问子路,可见他更看重冉有。冉有也格外卖力("尤用事"④),"季氏富于周公,而求为之聚敛而附益之。"⑤对此孔子曾愤怒地说:"非吾徒也,小子鸣鼓而攻之,可也。"⑥本来就对冉有不满,不说你说谁?冉有跟季氏的关系更密切,季氏将伐颛臾,作为谋臣,不是你的过错是谁的过错?清人刘宝楠说:"冉求为季氏宰,相其室,为之聚敛,故孔子独疑求,教之。"⑦可为参证。

(三)性格

关于他们的性格,孔子曾评价:"求也退('冉求之资禀失之弱'⑧),故进之;由也兼人('谓胜人也'⑨),故退之。"⑩孔子曾问治国之事,话音刚落,"子路率而对",可见其性子急。而冉有在孔子点名提问"求!尔何如"时才回答,可见其性子慢⑪。冉有性子慢,就便于和他说理。而子路呢?做孔子的学生前他欺侮过孔子,做孔子的学生后辱骂过孔子:"子之迂也。"况且"子路问:'君子尚勇乎?'孔子曰'义之为上,君子好勇而无义则乱,小人好勇而无义则盗。'子路有闻,未之能行,唯恐有闻。孔子曰'片言可以折狱者,其由也与!''由也好勇过我,无所取材'。"⑫子路不是治国之材,对孔子的话未能行,恐又闻,不如不说他。

孔子将季氏伐颛臾之错、冉有不持扶季氏之过、怎样治理国家、怎样安抚百姓这些

---

① 司马迁.史记[M].郑州:中州古籍出版社,1994:653.
② 司马迁.史记[M].郑州:中州古籍出版社,1994:653.
③ 司马迁.史记[M].郑州:中州古籍出版社,1994:654.
④ 朱熹.四书章句集注[M].北京:中华书局,1983:169.
⑤ 论语·先进篇[M].杨伯峻,译注.论语译注[M].北京:中华书局,2006:131.
⑥ 论语·先进篇[M].杨伯峻,译注.论语译注[M].北京:中华书局,2006:131.
⑦ 刘宝楠.论语正义[M].上海:上海书店出版社,1986:350.
⑧ 朱熹,注.四书章句集注[M].北京:中华书局,1983:128.
⑨ 朱熹,注.四书章句集注[M].北京:中华书局,1983:128.
⑩ 论语·先进篇[M].杨伯峻,译注.论语译注[M].北京:中华书局,2006:133.
⑪ 论语·先进篇[M].杨伯峻,译注.论语译注[M].北京:中华书局,2006:135.
⑫ 司马迁.史记[M].郑州:中州古籍出版社,1994:654.文中其他引文见《论语》。

道理讲得清楚明白之后,才略及子路——"令由与求也"[①](子路比冉有年长,故孔子将其前置)——显得自然妥帖。

孔子的因材施教,于此可窥一斑。

(《语文知识》2002年第6期;作者:张心科)

[①] 论语·季氏篇[M].杨伯峻,译注.论语译注[M].北京:中华书局,2006:195.

第十二章

接受美学视角下的文学
教学案例评析

一、从接受美学看"无中生有式的创造性阅读"
——兼论阅读教学中学生的主体性

围绕陈爱娟老师的教学案例《孔乙己告状》(《中学语文教学》2003 年第 12 期)所开展的关于"无中生有式的创造性阅读"的批评与辩护已近两年。李海林等人从"阅读理论"的角度对这种脱离文本的误读的批评(《要严肃对待文学作品的文本价值》《"无中生有式的创造性阅读"批判》《创造性阅读的理性思考与实践分析——再论"创造性阅读"》见《中学语文教学》2003 年第 12 期、2005 年第 1 期、2005 年第 4 期)以及余彤辉从"文本理论"针对李海林在批评文章中没有区分文学文本、科学文本和一般文本所作的批评(《也谈"创造性阅读"》见《中学语文教学》2005 年第 5 期)都是中肯的。然而,陈爱娟老师主张少遵循一些理论,多关注学生主体,在"有中生新"的基础上再来一个"无中生有"(《如何引导初中生开展创造性阅读——兼与蒋红森老师商榷》《创造性阅读:尊重学生还是服从理论》见《中学语文教学》2004 年第 4 期、2005 年第 10 期),这种只强调尊重学生,对阅读理论、文本价值的漠视,则是值得商榷的。中学语文教育研究的现状是确实得了"理论冗余症",今天这个"主义",明天那个"理论"。但是有多少人真正全面、深入地学习过其中的某一种理论呢? 大多是道听途说。陈爱娟老师强调

"尊重学生",那么我们就从力倡"读者中心论"的接受美学的角度来分析这种"无中生有式的创造性阅读"。

我们先简单回忆一下陈爱娟老师的教学案例《孔乙己告状》：

在上课过程中,有学生问：丁举人把孔乙己打成这样,他为什么不去告状？于是她想到让学生开一个模拟法庭辩论会。接着学生们纷纷找辩论理由。有学生说：丁举人在自己家里打人是私设公堂；有学生说：是丁举人硬说他偷的,而他自己又没说偷；有学生说：咸亨酒店的老板可为他作证,就是他从不欠钱,从不欠钱就是有钱,有钱就不会去偷。在辩论会之后,要求学生把孔乙己告状的过程和结果写下来,有学生把孔乙己设想成胜利者,甚至当了官。

（一）从接受美学看如何对待文本

巴尔特在其批评名著《S/Z》中将叙述文本分成两种：一种是"可读式"的,其中没有未定性和空白点,读者只能是"消费式"的接受；另一种是"可写式"的,它是一连串能指的结合,但其所指是不确定的,读者可"创造性地重写"。在接受美学看来,任何文学文本都是可读的,更是可写的。文学文本与作品是有区别的。文学文本是一个由不同层次和维面构成的"召唤结构",其中的语音、语义、句法、结构、意象、意境、情节等存在的未定性和空白点星罗棋布,给读者预留了多处想象和联想的空间。只有读者对文本中的"未定"进行确定、"空白"进行填补之后,才能称为作品。而在确定"未定"、填补"空白"时,因为读者在认知结构、阅读动机、阅读方法、气质、性格等方面存在着差异,必然产生见仁见智、歧义百出的创造性阅读现象。

就《孔乙己》这篇小说来说,文本内的未定性和空白点很多。如孔乙己的肖像描写："孔乙己是站着喝酒而穿长衫的唯一的人。他身材很高大；青白脸色,皱纹间时常夹些伤痕；一部乱蓬蓬的花白的胡子。穿的虽然是长衫,可是又脏又破,似乎十多年没有补,也没有洗。"作者鲁迅采用写意式地勾勒,而非工笔式地描画,所以留下了许多空白：孔乙己他的头发怎样？他的眼睛怎样？……又如情节,选取的是"生活横断面"式的几件典型的事连缀而成,而非"起居录"式的叙述,所以也有许多空白。小说中也有许多未定性。如作者叙述时间是"一九一八年冬",叙述者"我"的叙述时间是"我""十二岁起"的所见所闻,叙述者的年龄未定,那么事件发生的时间也是未定的。又如"大约孔乙己的确死了",究竟死还是没死？也是未定的。文本外的未定性和空白点,则不计其数,如设想出王举人、茴香豆店里的小伙计等人物,设想孔乙己打赢了官司,活到21世纪开了"孔乙己书店"等情节……接受美学家伊瑟尔说："未定性这一术语用来指在意向性客体的确定性或图式化观相的序列中的空缺(gap)；而空白,则指本文整体系统中的空白之处。"①也就是说，在接受美学看来，未定性和空白点存在于文本之内，相对文本自身来说，其之外的都是未定性和空白点，与文本无关，故不在文学文本阅读讨论之内。确定文本内的"未定"、填补文本内的"空白"，是"有上生新式的创造性阅读"，是真正的文学文本的创造性阅读；而在文本之外任意地确定"未定"、填补"空白"，是"无中生有式的创造性阅读"，与文学文本创造性阅读无关。

（二）从接受美学看如何看待读者

从接受美学角度谈文学阅读的文章不少，而且言必称"一千个读者有一千个哈姆雷特"，似乎在接受美学看来"作者已死""文本无用"，读者的法力无边，可以任意解读，这是对接受美学的莫大误解。

接受美学认为，"文学本文具有两极，即艺术极与审美极。艺术极是作者的本义，审美极是由读者来完成的一种实现。从两极性角度看，作品本身与本文或具体化结果并不同一，而是处于二者之间。"②"读者的主观作用却将受制于本文的既定构架。"③也就是说，接受美学虽然强调读者的主观能动作用，但是它不否认"作者本义""本文的既定框架"的客观存在，尤其是文本对读者的制约作用，而且主张"限制纯粹主观式的阅读的随意性。"④阅读过程中"本文的结构空白刺激着由读者依据本文给定的条件去完成的思想过程。但在这一本文与读者会聚的系统中，还有另一个位置，那就是以各种来自于阅读过程的否定为标志的位置。空白与否定按它们各自不同的方式控制着交流过程……它们引导读者在本文中完成基本运演。而各种否定则删除相似的或不确定的因素。但是，删除的痕迹很明显，从而改变了惯于趋向熟悉与确定之物的读者态度，也就是说，读者被导向一个与本文若即若离的关系中。"⑤如我们填补孔乙己肖像空白时，可以把他想象成柳叶眉、樱桃口，但文本却进行了否定，它告诉我们他是男人；我们可以把他想象成面目红润、大腹便便，但文本却又进行了否定，它告诉我们他"穿的虽然是长衫，可是又脏又破，似乎十多年没有补，也没有洗"，穷困潦倒。就这样填补与否定交替进行，使读者与本文若即若离。这样的读者才是在进行真正的文学文本的创造性阅读。完全脱离文本、抛开文本的"无中生有式的创造性阅读"，只是在玄想臆测。

接受美学主张的"历史性解读"也对读者的创造性阅读起着一定的制约作用。如

---

① 沃尔夫冈•伊瑟尔.阅读活动——审美反应理论[M].金元浦,周宁,译.北京：中国社会科学出版社,1991：220.
② 沃尔夫冈•伊瑟尔.阅读活动——审美反应理论[M].金元浦,周宁.译.中国社会科学出版社,1991：29.
③ 沃尔夫冈•伊瑟尔.阅读活动——审美反应理论[M].金元浦,周宁,译.中国社会科学出版社,1991：173.
④ H•R•姚斯,R•C•霍拉勃.接受美学与接受理论[M].周宁,金元浦,译.沈阳：辽宁人民出版社,1987：177.
⑤ 沃尔夫冈•伊瑟尔.阅读活动——审美反应理论[M].金元浦,周宁,译.北京：中国社会科学出版社,1991：203—204.

接受美学家姚斯以波德莱尔的《烦厌》为例提出了历史性理解的几个问题:"就当代读者而言,《烦厌》一诗可以满足何种期待,否定何种期待?本文可能与之发生联系的文学传统是什么?历史、社会条件是什么?作者本人是如何理解这首诗的?第一次接受赋予这首诗的意义是什么?在今后的接受史中,其中哪一种意义被具体化了?。"①我们可从这些发问中推知历史理解的范围:和自己以前阅读的作品比较优劣。其内容和形式对传统文学有哪些摒弃、继承或超越。本文创作的背景怎样、作者本意如何,这是需要了解的。孟子说:"颂(诵)其诗,读其书,不知其人,可乎?是以论其世也。是尚友也"②,即认为了解作品,应该对作者生平及其所处的时代有所了解,以此与古人为友。另外,还要了解接受过程中众多历史上的、同时代的读者对其已读解到何种程度(垂直接受、水平接受)。其实在"历史性解读"的基础上,发现别人(古人、今人)解读中所遗留的文本中的未定性和空白点,而进一步确定未定、填补空白时,见人未见、发人未发,那将是更高层次的创造性阅读。

另外,陈爱娟老师说:"学生是课堂的主人毋庸置疑,所以我们应当'唤醒学生在课堂上的主体意识'。"下面,对与"主体"相关的几个概念,尤其是主体性,稍作分析。

(三) 从教学的构成要素来分析学生的主体性

语文教学是师生围绕文本而展开的,这就涉及到三个基本要素:教师、学生、文本。"主体"有两种含义,一是指事物的主要部分、主要成分,二是指在关系中起主要作用的人。教学是一种活动,在这个活动中究竟谁是主体,50多年来学术界争论不休,结果莫衷一是。我们姑且认为学生是活动中的主体,以此为基点来分析。主体之所以成为主体,是相对于他认识和活动的对象(客体)来说的。"离开了客体和指向客体的对象性活动,就无所谓人的主体地位和主体性。"③也就是说,在阅读教学中没有了文本这个客体,也就没有学生的主体地位;没有了指向文本这个客体的对象性活动(填补空白、确定未定),体现的也就不是文本解读中的主体性。那么什么是主体性呢?"主体性是指人作为活动主体在同客体的相互作用中所表现出来的功能特性,是活动主体区别于一般人,特别是区别于活动客体的特殊性,它是作为消极、被动、盲目的客体性的对立面而提出的,是在同客体的对比中来揭示主体的规定性。"④主体性又具有四个逐

---

① H·R·姚斯,R·C·霍拉勃.接受美学与接受理论[M].周宁,金元浦,译.沈阳:辽宁人民出版社,1987:211—212.
② 孟轲.孟子[M].杨伯峻,杨逢彬,注译.长沙:岳麓书社,2000:187.
③ 张天宝.主体性教育[M].北京:教育科学出版社,2001:21.
④ 张天宝.主体性教育[M].北京:教育科学出版社,2001:18—19.

层递进的特征[①]：

一、自主性，即主体在作用于客体的过程中所显示的"主人"性质。

二、自为性，即活动着的主体的自觉性。包括主体对客体之规律性的自觉和对自身内在目的性的自觉，是相对于"自发性""盲目性"而言的。它是自主性的进一步发展。在自主性中主体可能只知道应当作主，但不知道为何这样，如何作主。在自为性中，因为对客体之规律性的自觉和对自身内在目的性的自觉，所以主体不仅"要做"主人，而且"能做"主人。

三、选择性，又是自为性的进一步发展。在自为性中，主体只知道自己内在目的和客体的固有规律，只为自由活动提供了可能的目的性和科学性，但还没有作出最后的决断。然而在选择性中，主体却能显示更充分的自由，可以根据自身最迫切的目的来选择客体中多种必然性中最合目的性的那种而作出决断的自由。

四、创造性，是选择性的进一步发展，是主体性的最高形式。在选择性里，主体还只是作出了最佳决断，使主体内在的目的性和客体的内在必然性的统一成为可能，并没有使二者的统一成为现实。在创造性中，因为能够将自身内在固有的尺度和客体内在固有尺度统一在自己的实际活动里，并最终创造一个全新的对象，所以主体的活动显示出充分而且现实的自由。

这四个特征，反映了人的主体性由低到高不同的表现层次。在"无中生有式的创造性阅读"中，学生或率性而为，或信口开河，确实体现了学生的"主人"性质，漠视了文本客体的"规律性""必然性""内在固有尺度"，这就必然产生很大的盲目性。如果说体现了学生的主体性，也只能是最低层次的，或者说停留在"主体意识"的层次上。主体意识，用一句话来说，就是要作为外物的主人的意识。换句话说，要让学生发挥真正意义上的主体性，必须让其认识到文本本身固有的内在规定性，然后充分展示其自为性、选择性和创造性。

（四）从教学的动态过程来分析学生的主体性

教学是一项活动，必然是一个动态发展的过程。在这个过程中主客体必然发生相互作用，而相互作用的结果是主体客体化和客体主体化。正是这种客观事实的存在，西方马克思主义的法兰克福学派认为，"客体与主体处于相互关联之中，主体介入了客体，客体以另一种方式介入主体。"[②]

[①] 刘为善，刘奔，主编. 主体性和哲学基本问题[M]. 北京：中央文献出版社，2002：4—10.
[②] 冯契，徐孝通，主编. 外国哲学大辞典[Z]. 上海：上海辞书出版社，2000：196.

1. 从师生活动过程来看

先从略微宏观的角度来考察教学活动。学生的年龄特点、知识能力基础、学习风格等决定着教师教学目标的设置、教学内容的选择、教学方法的运用、评价方式的确定。从学生学的角度来说,学生这个主体影响了与之相对的教师这个客体。但是教师这个客体并非消极被动的,作为国家课程政策的贯彻者、课程内容的实施者,必然在教学目标的设置、教学内容的选择、教学方法的运用、评价方式的确定时心中有数,并通过具体的教学活动在学生身上有所体现。也就是说,从教这个角度来看,学生这个主体在学习过程中已不是绝对的主体,而是被客体化了。

再从微观的角度来考察教学活动。每堂课上教师和学生的活动是交替进行的。教师在组织活动、讲授内容、提出问题、作出要求时,教师是主体,表现出的主体性强。学生在参加活动、探究问题、选择方法时,学生是主体,表现出的主体性强。也就是说,在教学过程中,师生的主客体地位和相应的主体性是相互转化的。学生不可能在整个教学过程中都是主体,表现出主体性,只有他成为主体时,才能表现出应有的主体性。

由此看来,如果将学生的主体性绝对化、理想化,最终结果将使学生的主体性走上缺失的迷途;如果忽视了主客体相互转化,将使其教学不成为真正意义上的语文课堂教学。

2. 从文本阅读过程来看

一般认为,作为阅读活动的发出者,学生是主体,他感受、理解、评价着文本的内容和形式;作为阅读的对象,文本是客体。事实上,在阅读文本时,尤其是文学文本已并非严格意义上的客体,接受美学家伊瑟尔认为,文学文本"有别于那种一般可以直接观察得到、或者至少能够设想得出其整体的既定客体……因此,本文与读者间的关系是截然不同于那种既定客体与观察者之间的关系的:与那种主体——客体关系不同。"[①]正如前文所述,文学作品不是一个既定的封闭的固态结构,而是一个开放的、动态的"召唤结构",它向读者不停地发出"召唤""吁求",而使读者不停地思索和发问。如读《孔乙己》时[②],你会提问,孔乙己是封建科举制度的牺牲品么?这是未经确定的问题,带着疑问你仔细倾听文本的诉说。然后文本接纳问题并作出"应答"。文本中有个隐含读者在轻轻向你解说,在《孔乙己》中你发现悲剧确实是封建科举制度造成的,你又发现举人老爷也是封建科举制度的产物。你在阅读中又会发问,不仅仅是封建科举制

---

① 沃尔夫冈·伊瑟尔. 阅读活动——审美反应理论[M]. 金元浦,周宁,译. 北京:中国社会科学出版社,1991:129—130.
② 蒋成瑀. 阅读教学的四种对话关系考察[J]. 中学语文教学参考,2004(5):4.

度造成的,那究竟是什么造成的呢？文本又通过一系列事件,尤其是不绝于耳的笑声,告诉你孔乙己死于冷漠的人际关系。从这个角度来说,读者这个主体又客体化了,文本这个客体又主体化了。另外,长期阅读文本,可影响到你的知识积累、情感修养变化等,使你这个主体又在不知不觉中客体化了。

由此看来,这种以文本为引子,然后"抛开文本""无中生有"式的误读(美其名曰"创造性阅读"),其实是没有认识到阅读活动同样是一个主体客体化和客体主体化的过程。不遵从文本的规定性,甚至不进入文本,即没有主体客体化和客体主体化的过程,只能是信口开河。如果说发挥了学生的主体性(形式上的积极、主动),那么这种主体性根本不是体现在文本阅读过程中,而是其他什么活动中所体现的主体性。同样,使学生的主体性实际上走上了缺失的迷途。

义务教育《语文课程标准》指出,"阅读教学是学生、教师、文本之间对话的过程。"[①]在上述"三"和"四"中主要是针对教师与学生对话及学生与文本对话来分析的。对话就是一种交际。交际就涉及到双方双向而非单方单向的发出、传输与接受、表达。相应地,在教师与学生、学生与文本的对话过程中,他们之间的主体地位,以及相应的主体性,是交替出现、动态发展的。如果我们真正领会《语文课程标准》中"对话"的含义,就不会在新课程实施中使学生的主体性走上缺失的迷途,渐行渐远。

(本文由《从接受美学看"无中生有式的创造性阅读"》和《语文新课程实施中学生主体性的迷失》组成,分别发表于《中学语文教学》2006年第2期和《语文教学之友》2006年第3期,作者：张心科)

二、强制教学：现象与本质——韩军《背影》教学评议

近年来,我很少写批评类的文章,著文多从正面立论,即使写批评类的文章也针对的是某类现象、某个群体而不涉及具体的事、单个的人。不过,因为最近韩军执教《背影》[②]的方式在语文界颇有代表性,也引发了广泛而长久的论争,俨然成了一个事件,所以现在有必要参与讨论,供大家批评指正,也希望大家能以学术批评的方式展开对话。

（一）解读方式：强制阐释

21世纪之初,在思想界、文论界流行着解构、祛魅、否定、颠覆等观念,语文界出现

---

① 中华人民共和国教育部.制订.全日制义务教育语文课程标准(实验稿)[S].北京：北京师范大学出版社,2001：17.
② 韩军.《背影》课堂实录[J].语文教学通讯·初中刊,2015(4).

了多元解读、创造性解读、无中生有式解读、症候式解读等名词(方式),一些让人瞠目结舌的"文本细读""经典重读"结果被冠以"新解"之名面世。其实其中绝大多数人使用的解读方式就是张江在《强制阐释论》一文中所批评的"强制阐释"。张江说:"强制阐释是指,背离文本话语,消解文学指征,以前在立场和模式上对文本和文学作符合论者主观意图和结论的阐释。其基本特征有四:第一,场外征用。广泛征用文学领域之外的其他学科理论,将之强制移植文论场内,抹煞文学理论及批评的本体特征,导引文论偏离文学。第二,主观预设。论者主观意向在前,前置明确立场,无视文本原生含义,强制裁定文本意义和价值。第三,非逻辑证明。在具体批评过程中,一些论证和推理违背基本逻辑规则,有的甚至是逻辑谬误,所得结论失去依据。第四,混乱的认识路径。理论构建和批评不是从实践出发,从文本的具体分析出发,而是从既定理论出发,从主观结论出发,颠倒了认识和实践的关系。"① 韩军对《背影》的阐释具备了张江先生所说的"强制阐释"的所有特征。

《背影》是一个文学文本,并非哲学文本。作为一篇写人叙事散文的教学应该是引导学生阐释其写了什么和如何去写的,发掘其内容与形式的美,从而获得审美愉悦。如果把它当成一个哲学文本,探讨其中的哲理就会忽视其文学特征。例如《背影》虽然不是小说,但是作为一个写人叙事的文学文本,为了突出其主旨,作者一般会对素材进行艺术加工,如在选择人物和事件时会注意主次,在记叙描写时注意详略。

文学文本里的人物可以分为"艺术符号""艺术形象""艺术典型"和"卓越的艺术典型"等。艺术符号"本身并没有任何直接形象——外观的,或间接形象——性格的"。之所以如此呈现,是因为"有时情节只需要这些人物作为符号出现,表明在某一事件或场合还有某人存在","提到他们只不过为了表明其在某事件中出场了,为场面增添了气氛而已",也就是说,他们并没有对事件起决定性的作用,也就无需对其内外进行多种描写,或叙述有关他的多个事件。艺术形象则不再只是一个简单的符号,而是"已经在言语、行动、环境、表情、心理活动等当中变得有血有肉",不再只是"情节中无关紧要、可有可无、一闪而过的身影",而是在整个情节发展中起着决定性的作用,"读者可以通过这个符号回忆起他的外貌、性格、事迹、甚至生命历程"。艺术典型"不仅具有比一般艺术形象鲜明得多的外在印象和强大得多的艺术生命力,而且在它身上体现着某一社会群体的某种共性,或者是不同群体人们的某种共有情绪。而这种共性又是以独特的行为、言语或心理活动方式出现在这一个与众不同的生命体上,即以其个别的生

---

① 张江.强制阐释论[J].文学评论,2014(6):5.

存状态或生命形态表现了具有广泛意义的某种生命特征"。在描绘这个人物时,作者"从丰富的积累中加工、提炼出具有典型意义情节与细节(表情、行为、言语、服饰、心理等等)"。卓越的艺术典型"在于其在整个作品中的地位特别突出,作用极大。正是创造出了这样的卓越艺术典型,作品才得以取得艺术史上的不朽地位,成为一个时代乃至几百年的一座丰碑"。给人的印象是熟悉而陌生,"他们给予读者的难以穷尽的审美享受,引发读者的心灵震撼和持久的思考,为研究者提供的分析天地,都是一般艺术典型所难以比拟的,有的几乎是无限的",如阿Q、林黛玉、葛朗台、哈姆雷特等[①]。文学文本中的事件也大致可作如此划分。

在《背影》这篇散文中,祖母、"我的儿子"无疑是艺术符号,"我"处在艺术形象和艺术典型之间,但是这个"父亲"无疑是艺术典型乃至卓越的艺术典型,只要一提起写"父亲"的形象,人们几乎不由自主、不约而同地想起朱自清的《背影》,想起《背影》中的"父亲",想起"父亲"的"背影"。整篇散文的主要人物就是"父亲"和"我",关键物象是"背影",主要事件就是四次"流泪"。由此看来,就是在写"父子之情"。当然,其中也写到"我"对祖母去世以及父亲失业、孱弱、老去的伤感,父亲对"我的儿子"的挂念等,但是这些都与"我"相关,或事情是"我"在场所见,人是"我"的亲人,也是通过"我"叙述出来的。但是韩军在解读这篇散文时,为了说明这篇散文的主题是"感悟生死",认为祖母和"我的儿子"这两个人"被忽略87载",他们在文本中和"我"及父亲是同等重要的,他们四代人可划为"已逝的""将逝的""壮年的""未来的"四个不同的生命阶段,联成了一个"生命的链条",所以整篇文章是感悟"死亡"与"新生"[②]。

如果用哲学的眼光来看,任何人物之间都存在着关系,不同的年龄阶段的人均属于生命之链中的某一环节。相应地,一个事件中的任何人物都重要了,任何事件中的不同年龄阶段中的人物关系都可以纳入由生到死的关系了。如果像韩军这样解读《背影》,那么我们同样可以说被韩军所执教的《雷雨》的主题也是"感悟生死"。因为那里面有周朴园的母亲、周朴园、周萍兄弟以及四凤肚子里的孩子,这些人同样可以分属"已逝的""将逝的""壮年的""未来的"四个不同的生命阶段。如果像韩军这样解释,我们完全可以借四凤的死导致她肚中孩子的死,来想当然地认为这是曹禺在表达一种"生死轮回"的观念,这岂不荒唐?!

"主观预设"主要表现在韩军认为朱自清具有"刹那主义"的人生哲学思想,于是

[①] 周思源. 红楼梦创造方法论[M]. 北京:文化艺术出版社,1998:128—136.
[②] 韩军. 生之背,死之影:不能承受的生命之轻——《背影》新解码[J]. 语文教学通讯·初中刊,2012(1—2).

《背影》就是朱自清哲学思想的外化。这首先不符合创作的规律,一个作家创作既受时代社会环境、个人哲学思想的影响,还与他写作这一篇文本时的心境有关。也就是说,也许他所处的时代社会很黑暗,但是他在写作的那几个小时心情可能是很愉悦的;也许他有一种恒定的哲学思想,但是在这一篇作品中并没有明确运用这种哲学思想。如果忽视这两点,而强制裁定文本的意义和价值,就是"主观预设"。鲁迅说:针对《红楼梦》,"单就命意,就因读者的眼光而有种种:经学家看见《易》,道学家看见淫,才子看见缠绵,革命家看见排满,流言家看见宫闱秘事……"[①]如果非要说曹雪芹所处的时代有各种思想,然后你像上述引文一样以某一思想(如排满)出发从文本里找依据,说这本书的主旨就是反映这种思想,那么也就不太合逻辑了。这只是某"家"的看法,而非作者的本意。

就"非逻辑证明"来说,韩军这种解读主要表现在三方面:

一是以偏概全。文本主要写"我"与"父亲",主要表现的是父子情深,有写父亲对自己的安慰、关照、叮嘱、铺大衣、买橘子等,有自己对父亲误解而产生的羞愧,有对父亲处境艰难、身体羸弱、年龄变老的伤感等多种情感。但是,韩军单捡在奔祖母之丧时见到父亲以及在信中说自己"大约大去之期不远"等与"死"相关的次要事件,并将其放大,从而达到否定作者选择、描述主要事件、主要人物来表达旨意的目的,类似于诡辩术中"抓住一点,不及其余"。

二是混淆具体与抽象。如果把所有的文学文本都当成哲学文本来解读,对文学文本进行无节制地抽象,那么世上所有文本最终只能归入几个屈指可数的主题,如宇宙、人生、社会、生命、爱、公平、正义等,因为哲学主题抽象到一定的程度也不多。

三是牵强附会。红学研究中有索引派,如称:"书中'红'字多影'朱'字,朱者,明也,汉也。宝玉有爱红之癖,言以满人而爱汉族文化也;好吃人口上胭脂,言拾汉人唾余也。"这种猜谜索解的解读方式早已被研究者所否定乃至唾弃,但是竟然在韩军的文本解读中复活了。他对"背影"二字强行进行拆解,如"背"有"别"、"背井离乡"(奔波)、"悲"、"背时"、"见背"(死去)、"背弃"等意思,"影"是美丽的、瞬失的、虚幻的,然后从文本中找出蛛丝马迹。由此一来,"背影"就不是父亲具象的"背影",而是与生死相关:"'背的影'是生命的虚幻,'由背到影',是生命的过程!所有的'背',厚实也罢,羸弱也罢,最终都必成'影'。这大概就是朱自清对生命的深刻体认。任何人,最终留给世界的都只能是'背的影'。人活着,轰轰烈烈、慷慨悲歌也罢,默默无闻、寂寂无名也罢,都

---

① 鲁迅.鲁迅杂文全集[M].郑州:河南人民出版社,1994:1020.

不过是'刹那'般匆匆促促的'一闪'而已,留下的无非是'影'。终极处,连'影'也破碎!"①

韩军在执教《雷雨》时再次运用此法,其教学实录的摘要称:"韩军的《雷雨》课,拂去社会学、政治学传统解释的尘灰,借曹禺本来的创作初衷,阐释全剧。用'周'一个汉字,贯穿教学,以'周'阐述人物,梳理情节,描绘命运,概括主旨,终抵'神秘'。'周',既是周全、周到、周备的周朴园,又是剧中人'命运'的锁链,还是'环绕',是'周遭',是'周天',所有人无一不在'周'的圈套和锁链中。剧中人,有周密、周详的心思与布局;剧中事,有勾心斗角的周旋和周折;剧终呢,人与事,统统脱不了狼狈周章的结局。最后释'周'字根由,更出人意料……"②假如主人公不是姓周,而是姓张、赵,那又该怎么解释呢？之所以得出上述诸种解读结果,归根结底还是因为"认识路径混乱",解读不是从文本出发读出自己的感悟,也不参照作者已有的交代以及其他读者的解读,就是要一味地出奇出新,然后找一个既成的观点并用这个观点去强解文本,对能证明自己观点的内容大加阐释,将不利证明自己观点的内容弃之不顾,是一种典型的"量衣裁体"、削足适履的做法。

(二) 教学内容：强行偏离

我曾结合夏丏尊、叶圣陶的相关论述把语文选文的功能分为全息、例子、凭借和引子四重③：全息功能是指把选文当成一个全息体,学生可以全方位、多层面地学习,而全面透彻地把握选文所包含的各种信息。如《背影》就可以从词语结构的划分、词义的辨析、词语的运用、材料的选择、线索的铺设、结构的安排、抒情方式、描写手法、全文主旨等各方面去学习。例子功能是让选文只充当某一具体写作目标的例子,只要求从某一个视角来看就可以了,不必像全息文那样要求"从种种视角来看"。如将《背影》当成印证间接抒情方式,或者当成人物描写知识的一个典型的例子来学习。凭借功能就是把选文当成阅读技能的训练、能力的培植和习惯的养成的一个媒介。如通过让学生变换《背影》中某些句子的不同句式,借此训练学生的精读技能;或者可以通过对《背影》的仿作,来让学生获得散文的立意、选材、组材及表达等某一方面的写作技能。引子功能是指选文只被当成课堂上讨论的话题或给材料,作文的材料,被用来触发学生进行与之有关联又有区别的阅读和作文。如将《背影》仅仅作为课堂讨论父子之爱的阅读材料,或仅仅作为课外写作中以父母师长为题材的作文的话题。在这里,韩军没有赋

---

① 韩军.生之背,死之影:不能承受的生命之轻——《背影》新解码[J].语文教学通讯·初中刊,2012(2).
② 韩军.《雷雨》课堂实录[J].语文教学通讯·高中刊,2012(1):34.
③ 张心科.夏丏尊、叶圣陶的语文教科书选文功能观评析——兼说"教教材"与"用教材教"[J].中学语文教学,2008(5)。

予《背影》全息和例子的功能，也没有将其当成引子（因为整堂课还是就《背影》在分析），而是赋予其凭借的功能。

对待作为训练阅读技能的凭借的阅读教材，与对待政治、历史等其他学科的阅读材料一样，都需要获取文本的信息，但是二者又有着根本的区别，其区别并不在于过去所理解的是否讲授了文本形式（文本形式虽然对于获取文本信息起到一定的作用，但是更应该归入写作教学的内容），而在于是否教授了阅读技能。如果只讲授《背影》的内容，那么和政治课、历史课等教学内容没有区别；如果带领学生通过对内容的获取而掌握某种或几种阅读技能，那么这就是阅读课。如果阅读是获取文本信息进而与文本、作者展开交流与对话的话，那么阅读教学就应该教学生掌握获取文本信息进而与文本、作者展开交流与对话的技能。

从韩军的《背影》课中见不到明显的阅读技能指导。当然，也许有人说暗含了多种阅读技能，或者像韩军自己说的是"语言训练课"[1]。那么我们要反问的是，难道在政治课、历史课中就没有暗含阅读技能？如果没有，那么阅读是怎么发生的？难道存在没有技能的听说读写活动吗？可见，听说读写教学与一般的听说读写活动的区别在于是否明确地把技能的教学作为一项内容。就像我们不能因为政治课、历史课上也有听说读写而将其当成语文课一样。所以，从教学内容来看，韩军上的不是"语文课"！

（三）教学行为：强令接受

如果说教学要以学生为主体的话，那么，首先要考虑学生的知识能力基础和心理特点。就内容来说，任何一个文学文本几乎都可以从意思、意味和意蕴三个层面分别运用个体所拥有的语文（生活）知识、个人体验以及哲学理论去理解。韩军执教《背影》的内容显然设定在第三个层面。这对于初一的学生来说，显得太难，尤其是理解佛学视域中的生与死的关系。其次，不能以教师的解读代替学生的体验。韩军对文本的解读不是建立在学生体验的基础上的，而是将学生的思路强行地扭转到自己认识的思路和预设的结果上来。整个教学过程采取的是"请君入瓮法"，不是指导，而是诱导。

如果阅读教学是多重对话的过程的话，那么对话的主体（对象）就包括作者、文本、师生以及其他读者（如其他赏析研究本文的论著的作者），其中任何一个主体所解读的结果只能聊备一说。可以求同，但不必伐异，而是存异。韩军在教学过程中一再说是学生得出的新解，其实从这堂课的一开始他就是在诱导学生进入自己布设的新解圈套。真正的引导学生得出新解的做法，应该是让学生先自由地说出自己的感受，发表

---

[1] 韩军.《背影》课七说[J].语文教学通讯·初中刊,2015(4).

自己的见解,然后提供其他人的阅读结果,然后在此基础上进一步结合文本以及自己的经验读出与其他人都不一样的结果,而不是否定其他人的阅读结果。所以,与其说是《背影》阐发了"生死之理"是学生提出的新解,还不如说是韩军在强令学生接受自己的新解。所以,整堂课看起来是多人参与、众声喧哗,但实际上是韩军一个人的教学,是异口而同声,或者更准确地说是众多学生协助韩军老师完成了这篇文章的解读,学生作为配角让韩军老师完成了一场舞台秀。

执教者不仅强令学生接受自己解读结果,竟然还强令作者接受,或者说借"作者"之口让学生相信执教者的解读,这让人想起了历史上著名的"挟天子以令诸侯"。韩军在执教《背影》结束时就设计了这样的环节——朱自清在天堂里给孩子们发来手机短信:"孩子们:我的《背影》发表近87年来,一直被人们浅读、粗读、误读,只有今天,你们才真正读懂了,读深了,读细了,读对了,因此,我的在天之灵感到由衷欣慰,谢谢孩子们! 朱自清"。这实在是有点过了! 如果朱自清真有在天之灵,估计他会哭笑不得!当然,韩老师也可以说"作者已死"(罗兰·巴特),我想我们应谨慎,最好替人揣度的话不要说,强人所难的事不去做。

韩军老师曾发表过不少有创见的教学论文和高质量的教学实录,确实为语文教育的发展作出过贡献,但是综观他执教的《背影》,随处可见老师的强势控制,套用张江的说法,可名之为"强制教学"!

(《语文教学通讯·初中刊》2016年第4期;作者:张心科)

三、从接受美学看阅读教学中"生平""背景"介绍的时机

孟子说:"颂其诗,读其书,不知其人,可乎? 是以论其世也。是尚友也。"①(《孟子·万章》)"知人"即了解作者生平,"论世"即熟悉写作的时代背景。今人陈望道在为夏丏尊、叶圣陶合著的《文章讲话》所写的序言中说:"注意背景,语文才是历史的教授,读一篇文知道一篇文不过是一时一地的需要的反映,不见得真的可以百世以俟圣人而不惑,""注意背景的读法,不妨说是立体的读法。读文能够立体的,这才没有一文没有作用,没有正作用,也一定有反作用,而正作用和反作用之间也不愁其有冲突。"②也就是说,一篇文章反映的是作者特定的思想和特定的社会现实。既然文章是特定个人的

---

① 孟轲.孟子[M].杨伯峻,杨逢彬,注译.长沙:岳麓书社,2000:187.
② 夏丏尊,叶圣陶.文章讲话[M].上海:上海文艺出版社,2001:8—9.

写作的,是特定时代的反映,那么了解生平背景,可以既看到它的正确、积极的一面,又可以看到它不足、消极的一面,从而更深入理解作者的创作主旨,更全面地把握文章的内涵,更客观地评价文章的价值。这一点,在《普通高中语文课程标准(实验)》中说得很清楚:"在阅读文学作品时努力做到知人论世,通过查阅有关资料,了解与作品相关的作家经历、时代背景、创作动机以及作品的社会影响等,加深对作家作品的理解。"[1]

但是,一些教师受传统阅读教学模式(交代作者生平——介绍时代背景——解释字词含义——分析段落大意——归纳主题思想——总结写作特点)的影响,上课伊始就介绍生平背景,而不考虑文体的类型,选择恰当的时机。这样,不利于学生积极主动地阅读,更不要说个性化阅读和创造性解读了。我们认为,生平背景的介绍应针对不同类型的文体以及学生读解时的具体情况,选择恰当的时机。我们把文章分为实用文章和文学作品两类,把生平背景介绍的时机分为读解前、读解中、读解后三种。下面,结合接受美学的一些观点分别来分析。

(一)实用文章教学的生平背景介绍

实用文章包括记叙类、议论类、说明类、应用类。这类文章又被称为"解释性文本"。接受美学家伊瑟尔说:"解释性本文无论何时都是在阐明一种论点或传播某一信息。"[2]其作者的写作目的是特定的、明确的,而且他在文章中所采用的"表达形式便可以得到预期的精确性。"[3]而阅读就是精确地把握作者所阐明的某种论点或传播的某一信息。作者创作这类文章的目的和采用的表述形式以及读者阅读的目的,决定了教学时如果要介绍生平背景,应在具体解读之前。我们以议论类中的杂文来分析。杂文一般都是有感而发,或赞扬歌颂或针砭时弊。鲁迅的《拿来主义》就是针对20世纪30年代国民党政府在文化上奉行送去主义(在西欧各国举办一系列古典艺术展等)和当时人们对待文化各种思潮泛滥(如以林纾为代表的复古主义者主张"全盘接受",以胡适为代表的资产阶级学者主张"全盘西化",以蒋光慈为代表的革命左派主张"全盘否定"——古代的一概不要,西方的也一概不要)而写的。他提出,"新的艺术,没有一种是无根无蒂、突然发生的,总承受着先前的遗产"[4],而且要"求新声于异邦"。如果不充分知其人,论其世,就不能真正体味他抨击闭关主义、送去主义,力倡拿来主义的独到见解和忧愤之心,更不能真正领悟其中"孱头""昏蛋""废物"等所指代的对象。有时因

---

[1] 中华人民共和国教育部.制订.普通高中语文课程标准(实验)[S].北京:人民教育出版社,2003:16.
[2] 沃尔夫冈·伊瑟尔.阅读活动——审美反应理论[M].金元浦,周宁,译.北京:中国社会科学出版社,1991:222.
[3] 同上注.
[4] 鲁迅.鲁迅全集 编年版 第8卷 1934[M].北京:人民文学出版社,2014:454.

为生平背景介绍不全面充分,还有可能产生误解。如鲁迅的《论"费厄泼赖"应该缓行》是针对林语堂在《语丝》上提出"费厄泼赖"的观点而联系当时的现实展开批驳的。如果不知道鲁迅与林语堂相交甚笃以及鲁迅的批驳文章发表后,林语堂写作了系列文章并画了《鲁迅先生痛打落水狗图》进行呼应,为其助威,我们可能会臆断:林语堂反动,鲁迅尖刻。可见,对于如杂文这类实用文章,生平背景不仅要充分介绍,而且宜放在具体读解之前,以使阅读更有针对性,理解更深入、全面。

(二)文学作品教学的生平背景介绍

文学作品包括诗歌、小说、散文、戏剧等。文学作品又被称为"虚构性文本"。在"虚构本文中,这一关联性则被趋向于丰富多彩形态的空白所打破,它开放了不断增加的多种可能性。"[①]因为文学作品成为一个充满未定性和空白点的"召唤结构"。"作品的未定性与意义空白促使读者去寻找作品的意义,从而赋予他参与作品意义构成的权利"[②]。而且,接受美学认为作家创作的文本如果不经过读者的阅读,只能是一堆白纸黑字,只有经过读者填补空白、确定未定之后才能称为作品。文学文本的特点、文学意义的最终实现,都决定了读者阅读时的权利与作用,强调了读者积极主动的、个性化创造性的读解。另外,接受美学还认为文学作品有两极:艺术极和审美极。艺术极即艺术家创造的文本,审美极指读者阅读时体验、理解等。文学作品的意义既不等同于作者原意,也不等同于读者的主观判断,而是二者的结合。可见,强调读者积极主动地、个性化创造性地读解,并没有否定作者在作品中寄托的原意。所以,在读解时有必要了解作者的生平、创作的背景。而为了学生能积极主动地、个性化创造性地读解,又不能在读解之前就介绍生平背景,因为这样无异于给作品贴了一个标签,阅读成了"对号入座""按图索骥",这样既剥夺了读者赋予作品意义的权利,更不可能产生个性化、创造性的阅读结果。所以,文学作品阅读教学时介绍生平背景,应在读解中、读解后。

1. 在读解中介绍生平背景

在读解中介绍主要有两种情况:当学生读解流于表层时,可以介绍生平背景,让其理解走向深入;当学生读解出现困难时,可以介绍生平背景,给其理解提供"支点"。如山东省刘晓春老师执教《再别康桥》,一开始只简单介绍作者徐志摩在现代诗歌史上的地位以及《志摩的诗》的影响,只是为了引起学生学习的兴趣,并未讲授徐志摩在康桥的经历以及此诗创作的背景。当读解到第五节时,刘老师问:"'寻梦'的'梦'是什

---

① 沃尔夫冈・伊瑟尔.阅读活动——审美反应理论[M].金元浦,周宁,译.北京:中国社会科学出版社,1991:222.
② 沃尔夫冈・伊瑟尔.本文的召唤结构[A].见金元浦.接受反应文论[M].济南:山东教育出版社,1998:43.

么?"学生回答:"当时在康桥的一种愿望和思想。"刘老师追问:"这愿望和思想在康桥是什么呢?"学生答不出。刘老师又问:"对徐志摩的经历和思想有所了解的同学,知道他的梦是什么?"无人能答。刘老师适时补充道:"1920—1922年,徐志摩在英国剑桥大学留学,在这两年里,他的人生观和思想发生了重大的转折,形成了他未来的被人们称作'剑桥魂'的情结,按照弗洛伊德的说法就是剑桥情结。他的这种'剑桥魂'对其后来的人生有很大影响。在社会方面,作者认为应该是英国式的民主和英国式的政治;在教育方面,认为最好的教育是大自然。他说:'人是大自然的产儿。'那么大自然就是人类的母亲,人在大自然中能得到自己所有的一切。徐志摩在剑桥也就是康桥求学时,经常骑着自行车'到青草更青处',有时仰卧看看天上的星星,有时拿着一本书伏在那儿读书,有时听夏虫的鸣声,听流水的声音,思考人生理想,这人生理想是什么呢?爱、美、自由,这是他一生的追求。胡适之说:'在徐志摩这里,爱就是他的宗教,他的一生就是追求爱。'徐志摩的一生,爱朋友,爱他人,他一生追求他的爱,这就是他的'梦'。"在老师的补充下,学生走进了徐志摩的心灵世界,获得了深入的理解。在课快结束时,刘老师再一次利用生平背景的介绍把课推向高潮,他充满伤感地说:"1931年11月19日,徐志摩从南京坐飞机前往北京,在济南附近飞机坠毁,一代著名诗星从此陨落。他的歌唱虽然消逝了,但他的歌声却赢得许多歌唱的重新开始……"这介绍给人一种余音绕梁之感。对作者生平背景的介绍散落在课中,而在时机上又恰到好处。

2. 在读解后介绍生平背景

《普通高中语文课程标准(实验)》强调:"文学作品的阅读鉴赏,往往带有更多的主观性和个人色彩。应引导学生设身处地去感受体验,重视对作品中形象和情感的整体感知与把握,注意作品内涵的多义性和模糊性,鼓励学生积极地、富有创意地建构文本意义。"[1]对于意蕴十分丰富、容易产生多解的文学文本的生平背景介绍,应放在多种解读成果产生之后。这一方面充分发挥了学生的创造性,另一方面又让学生充分认识到作品的时代价值和历史局限等。接受美学家姚斯认为,要比较完整地把握作品的意义,需要经过三个逐层递进的阶段[2]:初级,通过想象和联想,复现(复活)作者、文本的意象世界(主题视野),即"作品对我说什么"的阶段。二级,通过重构作者的意象世界,创造自己的意象世界(解释视野),即"我对作品说什么"的过程。在"我对作品说什么"

---

[1] 中华人民共和国教育部,制订.普通高中语文课程标准(实验)[S].北京:人民教育出版社,2003:16.
[2] H·R·姚斯,R·C·霍拉勃.接受美学与接受理论[M].周宁,金元浦,译.沈阳:辽宁人民出版社,1987:175—230.

的过程中,因为文本中的未定性和空白点星罗棋布,给读者预留了多处想象和联想的空间,而读者在认知结构、气质类型、阅读态度、阅读心境以及民族、时代等方面千差万别,这样在确定未定、填补空白时就产生了见仁见智、歧义百出的现象。当然,我们要鼓励、珍视学生的创造,但阅读理解只停止于此则不完整,这就要进入第三级,即联系历史意象世界。文本创作的背景怎样,作者本意如何,接受过程中众多历史上的、同时代的读者对其已读解到何种程度(垂直接受、水平接受)等等,这其实是在前两级阅读的基础上反观、审视此前在复现和重构意象世界时已意识到的或未意识到的问题。只有联系这些,才能评价文本写了什么、我重建了什么、文本怎样写、我怎样重建的、文本为什么这样写、我为什么这样重建等方面的正与误、完善与缺陷,对文本本身和自己的阅读的认识才能更全面。只有这样,才是陈望道所说的"立体的读法"。

如江苏严华银老师执教《黄鹂》,先让学生展开想象和联想,对比感知在动荡不安、危机四伏中带有惊惶的情态、凄厉的叫声的黄鹂,与在和平、安全的环境中"美丽到极致"的黄鹂。再讨论文章结尾处的关键句"典型环境中的典型性格"的涵义。有同学说:黄鹂在不同的生活环境里,表现出不同的生活情态,进而推论任何事物都应有安全、自由的生活空间,并涉及沙尘暴、水污染等生态问题。有同学说:人才的成长需要一个宽松的社会环境,应筑巢引凤,让人才充分发挥自己的才智。有同学说:文学作品中环境的营造决定着性格的塑造。在学生各抒己见后,严老师引导学生注意副标题——"病期琐事"、发表时间——"1960年左右"、作者当时心态——"目前为文,总是思前想后,顾虑重重。环境越来越'宽松',人对人越来越'宽容',创作越来越'自由',周围的呼声越高,我却对写东西,越来越感到困难,没有意思,甚至有些厌倦了"[①](《文感》)可见,作者不是身病,而是心病,创作此文的目的是呼吁根除政治斗争造成的人人自危的局面,为作家及一切人才的成长、发展营造一个安全自由的社会环境,让他们充分展示自己的聪明才智。这种把"生平背景"置于多种读解之后的做法,学生既读出了自己的心得,又把握了作者用意。既全面理解了作品,又张扬了自己的个性。

总之,阅读教学中的"生平""背景"介绍,应区分文本的不同类型和特点,选择恰当的时机。应以怎样更好地促进学生的解读为前提,不可机械。

(《语文教学之友》2006年第6期;作者:戴元枝、张心科)

[①] 孙犁. 芸斋琐谈[M]. 北京:新华出版社,2015:230.

四、处理节选课文应顾及全篇、知人论世——从阿三上《我与地坛》说起

《我与地坛》全文共七节,高中《语文》第一册(人教版)选取了其中的第一、二节。第一节写地坛,从自己与古园的缘分写到古园景致,写自己在这里的思考及所得到的对生命的感悟,对这一部分的内容及旨意的认识争议较少。但对其第二节的内容及旨意,一些教学案例如阿三的《焚情"地坛"——我与〈我与地坛〉》(《语文学习》2003 年第 11 期)和一些课文分析(如《大地、母亲、生命、生活的沉思与断想——重读〈我与地坛〉》见《中学语文教学》2003 年第 4 期)认为是作者史铁生借此着力歌颂"母爱"。这其实是对作品的误读。为此,有人进行了拨正,认为在"眼泪——母爱"之后,应该是一种理,一种富有穿透力的生命哲学(《论理"地坛"》见《中学语文教学》2004 年第 3 期),但他对一些教师误读为"母爱"的原因没有揭示。那么,怎样解读节选的文章呢?鲁迅先生曾说:"我总以为倘要论文,最好是顾及全篇,并且顾及作者的全人,以及他所处的社会状态,这才较为确凿。"[1]也就是说,在阅读节选的文章时应顾及全篇,知人论世。

(一)顾及全篇

入选课本的文章有些经过了删改,如《社戏》,编者选取了"寓有诗意"的后半部分,而删去了"我"在北平看戏的两次经历。原文中鲁迅将过去与现在对比,更突出自己对美好童年的无限依恋。所以,鲁迅先生说:"选本所显示的,往往并非作者的特色,倒是选者的眼光。"[2]在《我与地坛》全篇七节中,所写的人除母亲外,还描写了一群常来地坛的人,如一对无论春夏秋冬、风霜雪雨都相依来园中散步的夫妇、一位天天练唱的小伙子、一位运气不佳的长跑者、一对从小就在园子玩耍的兄妹等,"虽然写了不少客观的景物和人事,但这也不是重点,作品构思的关键是在'我'与对象的关系上,重在'我'从对象那儿所获取的生存感悟上,""作者之所以写这么几个人物,也是源于他们给了作家生存的启发。"[3]唱歌的小伙子和运气不佳的长跑者让作者领悟到活着的价值问题。歌唱者天天来唱,长跑者天天来练,他们得到了什么呢?难道说他们什么也没得到就没有意义?不是,手段大于目的,过程比结果更富有意味,用史铁生自己的话说,"只是为了引导出一个美丽的过程,人才设置一个美丽的目的或理想"[4]。只有这样,人才能

---

[1] 鲁迅.且介亭杂文二集·题未定草七[M].北京:人民文学出版社,1973:180.
[2] 鲁迅.且介亭杂文二集·题未定草六[M].北京:人民文学出版社,1973:171.
[3] 汪政,晓华.生存的感悟——史铁生《我与地坛》读解[J].名作欣赏,1993(1):70.
[4] 史铁生.答自己问[M].天津:天津人民出版社,1996:126.

实现对自身、对有限的根本超脱,才能活得轻松、自由,才不会感到命运的不公。命运的绝对公平是没有的,例如那对可爱的兄妹,命运却让美丽的妹妹先天弱智,这是何等残酷!但事物就是如此,不可能平等,不可能完美、划一,它是美与丑、善与恶、健康与病残、聪明与愚钝的对立与衬托,这样,世界才如此五光十色,充满欢笑与悲伤。至于谁去充当那不幸的角色,那是相当偶然的。作者由此体悟到世界构成的法则,变得心平气和,对平凡的、琐碎的一切充满了深情,看世界的目光也更加温柔善良。而母亲,是作者在写完让自己摆脱了生与死的纠缠,从残疾自伤阴影中走出来之后,第一个写到的人,其着眼点不会仅仅来表现母爱,歌颂母爱。并且作者在这一节的最后写道:母亲那"艰难的命运、坚忍的意志和毫不张扬的爱,随光阴流转,在我的印象中愈加鲜明深刻"。作者此处的议论是要告诉读者,母亲的一生给他的启示是面对艰难的生活该怎样活下去,即"从抗争中去得些欢乐,欢乐不是挺多吗?真的,除去从抗争中得些欢乐,活着还有别的事吗?人最终又能得些什么呢?只能得到一个过程!在这个过程中,谁专门会唉声叹气,谁的痛苦就更多些,谁最卖力气,谁就最自由、最骄傲、最多快乐"①。于是,他找到了自我拯救之路:活下去,同命运作顽强的抗争,在抗争中争得人的尊严、骄傲,争得心灵的幸福。因此,我们读解课文时,在感动于母爱的基础上,应进一步结合全文去体味其中蕴含的生存哲理。

(二)知人论世

孟子曰:"诵其诗,读其书,不知其人,可乎?是以论其世也。"②鲁迅先生的观点和他是一致的。在读解《我与地坛》时,也应知史铁生其人,论其所处之世。大谈这篇作品旨在表现母爱的人,只是在"读其书",而且是所节选的"书"。尽管作者也写出过纯乎表现母爱的文章如《秋天的回忆》,但其作品,无论是小说,还是散文,其中心意蕴是对"生命意义"的探寻。作者之所以对"生命意义"如此痴迷,因为它是从古至今最令人困惑的哲学命题,更主要的是作者自身不幸的遭际——20岁那年,史铁生双腿瘫痪,落下终身残疾,生存的绝境迫使他不得不思考这一问题——"生存,还是死亡"。他徘徊、犹豫过,最终还是选择了活下去。但活要活得明白,即不但要活,而且要问为什么而活,亦即追寻"生命意义",为活下去寻找理由和根据。为此,他开始了追寻"生命意义"的漫长精神之旅,在这一过程中,创作成了他最好的思考工具,他借创作来思考,又通过创作把思考结果传达出去。曾经有记者问他"为什么要写作",他回答说为了不至

---

① 史铁生.史铁生作品集(第1卷)[M].北京:中国社会科学出版社,1995:291.
② 孟轲.孟子[M].杨伯峻,杨逢彬,注译.长沙:岳麓书社,2000:187.

于自杀,他说这不是玩笑而是真心话,因为,对他来说,写作真的是要为生存找一个至少一万个精神上的理由,以便生活不只是一个生物过程,而是一个充实、旺盛、快乐的精神过程。而这篇《我与地坛》是作者"对过去十年写作在内容、思想、形式和写作行为本身进行解剖,为写下去(活下去)寻找理由"①。其人、其事都在预示着第二节内容主要不是在表现母爱,而是以母亲的言行表现生存的道理。

以上分析了一些教师对课文《我与地坛》第二节主旨误读的原因是没有"顾及全篇"和"知人论世"。中小学语文教材里的课文许多是节选的,我们在指导学生解读节选的课文时,应该注意这两点,只有这样,才能理解得准确、全面。

(《中学语文》2004年第8期;作者:戴元枝)

---

① 陈顺馨.论史铁生创作的精神历程[J].文学评论,1994(2):103.

需要进一步探讨的几个问题

将西方的接受美学引入中学文学教育，属于鲁迅先生倡导的"拿来主义"。鲁迅先生将中外文化遗产比喻成一所"大宅子"，面对这所"大宅子"有三种不正确的做法："反对这宅子的旧主人，怕给他的东西污染了，徘徊不敢走进门，是孱头；勃然大怒，放一把火烧光，算是保存自己的清白，则是昏蛋。不过因为原是羡慕这宅子的旧主人的，而这回接受一切，欣欣然的蹩进卧室，大吸剩下的鸦片，那当然更是废物。'拿来主义'者是全不这样的。""拿来主义"应"运用脑髓，放出眼光，自己来拿"，要"占有，挑选。"[①]有人的论文也是以建构主义、图式理论、元认知等洋理论来立论的，但十万字左右的论文有八九万字是综述国内外各家的观点，然后附录一个实验报告。本人在写作时，吸取了他们的教训。

一、本书研究的方法属跨学科性质，但不是简单地移植、嫁接。瑞士心理学家皮亚杰说："把一个'高级'领域与一个'低级'领域联系起来时，其结果既不是把前者还原为后者，也不是加强了前者的异性质，而是相互的同化。也就是说，后者在以直至那时都未曾发现的属性丰富自身的同时解释了前者，这些属性保证了所寻求的联系。"[②]本书着力于寻找接受美学与中学文学教育间的联系以求二者的同化，更主要的是以研究相对成熟的接受美学来观照与此有联系的尚属"空白"的中学文学教育，希望能发现后者"未曾发现的属性"，从而丰富后者。

二、本书提出的观点是在认真研读原著的基础上触发、提炼的。写到这里，可以自负地说绝大多数是一些研究接受美学的学者没说过的，固然这与他们说的是文艺理论，我说的是和教育、教学有关。如一些学者常搬用尧斯的期待视野形成的说法，我结合认知心理学的图式理论把它当成阅读能力形成的条件，并对其所说的三方面进行补

---

① 鲁迅. 且介亭杂文[M]. 北京：人民文学出版社，1973：29—30.
② 皮亚杰. 人文科学认识论[M]. 郑文彬，译. 北京：中央编译出版社，1999：233.

充,认为除此而外还要有语文、生活知识的积累来构建完善的认知、审美心理结构,并从期待视野的变化来谈阅读能力的提高。如一些学者过分强调阅读过程中的主体性、结果的创造性,而忽视作者的本意、文本的规定性,对姚斯在《阅读视野嬗变中的诗歌本文》一文中所提及的要适当了解作者的生平、创作背景、作者原意等置之不理,本文予以了拨正。又如用接受美学的观点来探讨文学教材的选材和编写,对"时代背景的介绍——作者生平的交代(含创作过程)——段落大意的分析(含解词释句)——主题思想的归纳——写作特点的总结"的传统教学过程模式的改造等等。当然,这些对我来说是一种"创读",在别人看来也许简直是一种"误读"。

三、本书在阐述理论时,力避作纯理论推演,而是与教学实践紧密结合。我始终没有忘记余恕诚先生、袁立庠先生在硕士论文开题报告会上告诫的,不能"食洋不化",最后理论、实践成了"两张皮"。本书也许基本上做到了以上两点(当然做的不够好),拙作的大部分内容,曾在国家、省级报刊上发表或被转载或被其他文章引用,这可以说是对拙作的一种肯定。

需要说明的是,在理论方面,H·R·姚斯有关审美愉悦的三个范畴——创造、美觉与净化以及读者与文本相互作用过程中的五种交流结构模式——联系的、敬慕的、同情的、净化的、讽刺的,沃尔夫冈·伊瑟尔有关小说叙事理论的论述以及保留剧目、游移视点、被动综合、否定与否定性等概念与论题,或认真研读了原著但理解不透彻,或虽然查阅了相关介绍但未能借到原著认真研读,不敢妄加借鉴以阐发。另外,接受美学虽然是阅读理论,其中的"召唤结构""隐含的读者"等概念对我们在写作教学中强调要有读者意识也有启发意义,"空白点""未定性"等概念对我们在课堂教学中运用布白艺术、模糊艺术也有启发意义。但由于拙著内容、形式的限制,自己能力、精力的限制,这些理论问题只有留待以后研讨。

四、在实践方面,还须进一步完善。虽然实验取得了初步的成果,但是像前文提到的,因工作安排、教材内容、课时数量的限制,来自家长的怀疑、课业的负担、资料的匮缺等而并没有达到自己所预想的效果。如文学类研究性学习,几次确立专题,几次半途而废。

总之,在理论研究和实验实施两方面都有待进一步深入,正如人教社的刘真福在《建国以来中学文学教育述评》一文中所说的,文学教育"如果不调动文艺学、美学、心理学、教育学的各种学问,各方面的力量——群体的而非单个人的力量,是难以攻克这块'高地'的"。[1]

---

[1] 刘真福.建国以来中学文学教育述评[J].课程·教材·教法,2001(6):39.

参考文献

[1] H·R·姚斯,R·C·霍拉勃.接受美学与接受理论[M].周宁,金元浦,译.沈阳:辽宁人民出版社,1987.

[2] 沃尔夫冈·伊瑟尔.阅读活动——审美反应理论[M].金元浦,周宁,译.北京:中国社会科学出版社,1991.

[3] 斯坦利·费什.读者反应批评:理论与实践[M].文楚安,译.北京:中国社会科学出版社,1998.

[4] 罗曼·英伽登.对文学的艺术作品的认识[M].陈燕谷,译.北京:中国文联出版公司,1988.

[5] 金元浦.接受反应文论[M].济南:山东教育出版社,1998.

[6] 丁宁.接受之维[M].天津:百花文艺出版社,1990.

[7] 王岳川.现象学与解释学文论[M].济南:山东教育出版社,1999.

[8] 蒋济永.现象学美学阅读理论[M].南宁:广西师范大学出版社,2001.

[9] 陈文忠.中国古典诗歌接受史研究[M].合肥:安徽大学出版社,1998.

[10] 王汶成.文学语言中介论[M].济南:山东大学出版社,2002.

[11] 汪正龙.文学意义研究[M].南京:南京大学出版社,2002.

[12] 黄书雄.文学鉴赏论[M].北京:北京大学出版社,1998.

[13] 许定国,主编.文学鉴赏概论[M].长沙:湖南师出版社,1999.

[14] 蒋成瑀.语文课读解学[M].杭州:浙江大学出版社,2000.

[15] 蔡明,米学军,主编.文学作品的鉴赏理论与实践[M].北京:语文出版社,2001.

[16] 曹明海,吕家乡合著.中外文学作品鉴赏[M].济南:山东教育出版社,2001.

[17] 刘运好.文学鉴赏与批评论[M].合肥:安徽大学出版社,2002.

[18] 盛海耕.品味文学[M].上海:上海教育出版社,2001.

[19] 张必隐.阅读心理学[M].北京:北京师范大学出版社,1994.

[20] 王松泉.阅读教育学[M].沈阳:辽宁大学出版社,1999.

[21] 王松泉.阅读教材论[M].沈阳：辽宁大学出版社,1999.

[22] 曾祥芹,主编.阅读学新论[M].北京：语文出版社,1999.

[23] 韩雪屏.中国当代阅读理论与阅读教学[M].成都：四川教育出版社,2000.

[24] 韦志成.现代阅读教学论[M].南宁：广西教育出版社,2000.

[25] 中央教育科学研究所,编.叶圣陶语文教育论集[M].北京：教育科学出版社,1980.

[26] 叶苍岑,主编.中学语文教学通论[M].北京：北京教育出版社,1984.

[27] 倪文锦,欧阳汝颖,主编.语文教育展望[M].上海：华东师范大学出版社,2002.

[28] 王荣生.语文科课程论基础[M].上海：上海教育出版社,2003.

[29] 王纪人,主编.文艺学与语文教育[M].上海：上海教育出版社,1995.

[30] 谢象贤,主编.语文教育学[M].杭州：浙江教育出版社,1993.

[31] 马笑霞.语文教学心理研究[M].杭州：浙江大学出版社,2001.

[32] 中外母语教材比较研究课题组,编.中外母语课程标准译编[S].南京：江苏教育出版社,2000.

[33] 中外母语教材比较研究课题组,编.中外母语教材选粹[G].南京：江苏教育出版社,2000.

[34] 邵瑞珍,主编.教育心理学[M].上海：上海教育出版社,1997.

[35] 皮连生.智育心理学[M].北京：人民教育出版社,1998.

[36] 张天宝.主体性教育[M].北京：教育科学出版社,2001.

[37] 段继扬.创造性教学通论[M].长春：吉林人民出版社,1999.

[38] 熊川武.反思性教学[M].上海：华东师范大学出版社,1999.

[39] 李臣.活动课程研究[M].北京：教育科学出版社,1998.

[40] 钟启泉,等,主编.为了中华民族的复兴为了每位学生的发展——《基础教育课程改革纲要(试行)》解读[M].上海：华东师范大学出版社,2001.

[41] 金生鈜.理解与教育——走向哲学解释学的教育哲学导论[M].北京：教育科学出版社,1997.

[42] 陆有铨.躁动的百年——20世纪的教育历程[M].济南：山东教育出版社,1998.

[43] 中华人民共和国教育部,制订.九年义务教育全日制初级中学语文教学大纲[S].北京：人民教育出版社,2000.

[44] 中华人民共和国教育部,制订.全日制普通高级中学语文教学大纲(试用修订版)[S].北京：人民教育出版社,2002.

[45] 中华人民共和国教育部,制订.全日制义务教育语文课程标准(实验稿)[S].北京：北京师范大学出版社,2002.

[46] 中华人民共和国教育部,制订.普通高中语文课程标准(实验)[S].北京：人民教育出版社,2003.

[47] 裴娣娜.教育研究方法导论[M].合肥：安徽教育出版社,1995.

[48] 李秉德.教育科学研究方法[M].北京：人民教育出版社,1986.

后　记

　　2001年我入安徽师大读书时,在《课程·教材·教法》(2001年第6期)上读到人民教育出版社刘真福的《建国以来中学文学教育述评》一文,他在文中为中学文学教育面临"无米下锅"的窘境大声疾呼:"从80年代到90年代,中学语文园地零散地见到一些探讨中学文学鉴赏的研究文章,基本上都是零星地开垦,没有连续的反响,没有群起效应;相反,语文教学的其他方面,如现代文阅读、文言文阅读、写作训练等,都已经研究得深入细致,卓有成效,并反映在语文教学大纲中,其内容明显地比有关文学鉴赏的内容要丰富得多,究其原因,有的说'被忽略',有的说'太难'。是的,如果不调动文艺学、美学、心理学、教育学的各种学问,各方面的力量——群体的而非单个人的力量,是难以攻克这块'高地'的。"[1]"中学文学教育理论和文学鉴赏教学理论的发展呈平滑移动状态,不见升攀、突进之势。在语文教学改革加速发展的今天,这片园地何时才能一扫沉寂,开垦出美丽的新春?"[2]所以,我迎"难"而上,把中学文学教育作为自己硕士论文的选题,引入接受美学这个属于文艺学、美学的理论并结合教育学、心理学的理论来研究中学文学教育,期待在这片沉寂的园地里有所开掘、有所发现。

　　硕士论文的主要章节曾以单篇论文的形式得以在《语文建设》《读写月报》《安庆师范学院学报》《黄山高专学报》《学语文》《中学语文教学》《语文教学之友》《中小学教师培训》《阅读与写作》《教学研究》《浙江教育科研》《教学月刊》《语文知识》《语文报》《学语文报》等国家、省级报刊上发表,人大资料复印中心《中学语文教与学》全文转载了两篇,其中多篇被其他文章引用,甚至被别人以近千字的篇幅"雷同"。今年6月,又被安徽省教育厅列为省级重点教育科研课题(编号为JG04063)。他们的青睐给了我出版拙作的信心。

　　硕士论文的题目是《接受美学与高中文学阅读教学的理论与实验研究》,当时所论虽侧重于高中,但也兼顾了初中,况且其原理同时适合于初、高中文学阅读教学,而狭义的文学教育指文

---

[1] 刘真福.建国以来中学文学教育述评[J].课程·教材·教法,2001(6):39.
[2] 刘真福.建国以来中学文学教育述评[J].课程·教材·教法,2001(6):36.

学阅读教学,遂改为今名——《接受美学与中学文学教育》。为了读者在进一步研究时检索和写作时引用的方便,增加了《接受美学语粹辑录》《接受美学论著索引》作为附录。针对中学文学教育研究存在"偏枯"现象,写作了一篇《中学文学写作教学刍议》作为附录。当时论文的"致谢"是这样写的,兹录于下:

感谢文学院的倪三好先生、何更生老师、孔令达老师、程致中老师、余恕诚老师、黄建成老师、袁立庠老师、杨树森老师三年来在学业上的指导;感谢安徽省图书馆的周红雁小姐、文学院图书馆的李传璋老师在资料查阅上提供的帮助;感谢同届的师兄、师姐们,尤其是朱克宝、夏吉友兄同我在为学上的切磋、为人上的砥砺。感谢实验学校合肥工大附中的姚毅、陈峰、商红、孙乃基等老师及宣城孙埠中学的陈大红、张世萍、潘志远、林军等老师的热情帮助,高一(2)(4)班全体学生的积极配合,使我的实验得以较顺利地进行。

妻子元枝是我大学同学、单位的同事,我们又先后考入文学院攻读教育硕士。"涸辙之鲋、相濡以沫",面对这几年工作的不顺、生活的重压以及频繁地搬家,我们没有相互埋怨,而是相互鼓励。过去我常埋怨上帝不公、命运不平,其实我应该感谢他们,因为他们给了我一个贤淑的妻子、一个可爱女儿,让我们这个漂泊不定的家一直充满着温馨和欢乐。

今天能够出版,还要感谢中文系主任何峰教授、书记黄立华副教授和原系领导金家恒、汪光耀先生的大力支持。感谢黄山学院科研处的资助,合肥工业大学出版社编辑室主任朱移山先生的推荐,使得本书得以较顺利地出版。感谢责任编辑对书中某些观点的匡正和词句的润饰,减少了某些不当甚至错误。

作为一个文本,其中还有众多未定性须确定、空白点待填补,期盼读者和我一道去确定、填补,使中学文学教育这片沉寂的园地,在不久的将来,能生机勃勃、姹紫嫣红!

2004 年 10 月 1 日于安徽黄山学院中文系

再版后记

本书曾于2005年6月在合肥工业大学出版社初版。这是我出版的第一本小书,也是少作,当时自己虽有很多想法,不过学识实在浅薄。此次再版,是因时有读者提起,而书已绝版,无法购阅;于己也算是一个警醒,以后别匆忙出版著作。

本着存真的原则,这次修订,虽有心有悔而不改书中的观点和内容,正文部分只是修正表述上的不当、订正引文中的错漏、注明期刊引文页码、调整注释格式。在《接受美学视角下的文学作品研究鉴赏示例》一章中,删除了初版中学生赏读《面朝大海,春暖花开》和《老马》两首诗的文字。此次修订纳入了我参与讨论并修改的《悲秋还是赏秋——〈故都的秋〉主旨再探》及《尴尬人逢尴尬事——〈牡丹亭 闺塾〉中的陈最良》两篇研究和赏析文章,因其所阐发的观点与本书主旨相近。

初版附录中的《中学文学写作教学刍议》与阅读教学无关,此次将其移至他书。原附录中的《接受美学语粹辑录》《接受美学论著索引》,因现在网络检索极为方便,也删除不留。修订版增加了《接受美学视角下的文学教学案例评析》一章收录了直接从接受美学立论的四篇论文《从接受美学看"无中生有式的创造性阅读"——兼论阅读教学中学生的主体性》《从接受美学看阅读教学中"生平""背景"介绍的时机》和《强制教学:现象与本质——韩军〈背影〉教学评议》《处理节选课文应顾及全篇、知人论世——从阿三上〈我与地坛〉说起》。

多年来,我对接受美学的兴趣一直未减,最近十年常从接受美学的视角观察课堂教学和作品解读,但是研究主要集中在对单篇作品接受史的梳理与阐释上,著述主要有《接受美学与中学文学教育》《近代文学与语文教育互动》《经典课文多重阐释》《经典翻译文学与中小学语文教育》《〈红楼梦〉与百年中国语文教育》等。此处一并提及,希望能一道接受大家的批评。

2018年2月14日于华东师范大学教师教育学院